Marden Machado

CINEMARDEN
UM GUIA (POSSÍVEL) DE FILMES

VOLUME 2

ARTE & LET
CURITIBA/201

editor **THIAGO TIZZOT**

projeto gráfico e capa **FREDE TIZZOT**

© Arte & Letra 2015
© 2015 Marden Machado

M149c Machado, Marden
Cinemarden : um guia (possível) de filmes : volume 2 / Marden Machado. – Arte & Letra, 2015.
224 p.

ISBN 978-85-60499-75-5

1. Manual de cinema. 2. Gêneros cinematográficos. 3. Estilos de filmes. I. Título.

CDU 791.2

ARTE & LETRA EDITORA
Alameda Presidente Taunay, 130b. Batel
Curitiba - PR - Brasil / CEP: 80420-180
Fone: (41) 3223-5302
www.arteeletra.com.br - contato@arteeletra.com.br

SUMÁRIO

05 Apresentação

07 Dez coisas que eu espero de um filme

09 Prefácio

13 Um guia (possível) de filmes

221 Índice

APRESENTAÇÃO

Se você leu o texto de apresentação do Volume 1 do Cinemarden, lançado em dezembro de 2014, já sabe qual é a intenção deste guia. Neste Volume 2, você encontrará novas resenhas que procuram destacar filmes que possam despertar em você, leitor, o desejo, em primeiro lugar, de vê-los. E, a partir daí, fazer crescer a vontade de ver mais e mais filmes. Seguindo o padrão já estabelecido, estão presentes aqui exatos 208 sugestões de títulos. Eles não estão disponibilizados em ordem alfabética ou de diretor. Muito menos separados por gênero, ano de produção ou país de origem. O único critério que eu adotei foi o de selecionar bons filmes. Alguns, com certeza, você já terá visto. Outros não. Mas, fique à vontade para ver e/ou rever como quiser.

Mais uma vez, agradeço e dedico este guia para minha amada esposa Marília, que sempre me incentivou. Bem como aos meus queridos filhos Danielle, Lucas e Philip, e meu genro Ivan, pelos toques e sugestões. Na mesma medida, agradeço ao meu irmão Douglas, que continua sendo o leitor primeiro de todos os textos. Agradeço também aos amigos: Francisco Millarch, filho do saudoso Aramis Millarch; Paulo Camargo, pelas conversas sobre cinema e pelo prefácio do Volume 1; José Wille, Gladimir Nascimento e Michelle Thomé, que me convidaram para falar sobre filmes no rádio; Maria Rafart, âncora do programa Light News, onde divido a bancada da sétima arte com os parceiros Paulo Biscaia Filho e Luiz Gustavo Vilela. E aos meus editores, Frede e Thiago Tizzot. Não posso deixar de agradecer e nunca me cansarei de fazê-lo, aos milhares de amigos, reais e virtuais, que me acompanham pelo site, pelos programas de rádio e TV, pelas redes sociais e pelas palestras que ministro. Este guia continua sendo de vocês! Muito obrigado pela companhia.

Marden Machado
novembro de 2015

DEZ COISAS
QUE EU ESPERO DE UM FILME

01 Um trailer que chame minha atenção.

02 Uma história com começo, meio e fim.
Não necessariamente nessa ordem.

03 Uma cena de abertura que desperte meu interesse
pelo resto da história.

04 Um roteiro com personagens, cenas e diálogos bem construídos.

05 Um elenco afinado, coeso e sem exageros de interpretação.

06 Uma direção segura, criativa
e que não subestime minha inteligência.

07 Uma fotografia inspirada, que desperte e aguce meus sentidos.

08 Uma montagem que imprima ao filme o ritmo
que a história precisar.

09 Efeitos visuais e sonoros, incluindo a música,
que trabalhem a favor do filme.

10 Um final que seja aberto para que eu próprio
tire minhas conclusões. Mas, se for bem fechado, também vale.

PREFÁCIO

Quando visitei o apartamento de Marden, há algum tempo, fui tomado simultaneamente por inveja e admiração: em sua sala, uma imensa estante trazia milhares de filmes cuidadosamente organizados e que traçavam um painel imediato da própria História do Cinema, de suas principais correntes e de seus inesquecíveis realizadores. Enquanto tentava convencê-lo a me incluir em seu testamento como herdeiro de sua coleção e já começava a maquinar as primeiras estratégias para acelerar a transferência dos bens (cof-cof), sentia uma alegria imensa por estar ao lado de alguém que compreendia que a cinefilia é mais do que conferir os lançamentos da semana.

Amar o Cinema é fácil. Dependendo do seu humor, dos seus interesses ou mesmo do tempo que tem disponível, a Sétima Arte pode oferecer um refresco dos pesos cotidianos, farta matéria-prima para reflexão sobre as questões existenciais mais profundas ou apenas um modo de aniquilar o tédio. Além disso, mais do que qualquer outra forma de expressão artística, o Cinema é uma autêntica máquina do tempo capaz de nos transportar para todos os períodos da História ou para o futuro, recriando o passado e imaginando o caminho que temos pela frente enquanto ainda consegue conceber realidades alternativas, universos fantasiosos ou possibilidades utópicas e distópicas que podem se revelar proféticas em um piscar de olhos.

Assim, é um pouco frustrante, confesso, quando percebo que

tantos que se dizem apaixonados por esta arte tão linda acabam se limitando a conhecer a filmografia de cineastas nascidos depois de 1960 e geralmente nos Estados Unidos. Em uma época na qual praticamente tudo o que o Cinema já produziu está a um clique de distância (e legalmente, seja através de serviços de streaming ou de lojas online), por que não explorar milhares e milhares e milhares de histórias já contadas por diretores, roteiristas, atores, montadores, etc, ao longo dos últimos 120 anos não só nos Estados Unidos, mas nos países europeus, asiáticos, africanos e da América Latina? Uma das grandes vantagens de se estudar o Cinema é saber que o processo será delicioso, expandindo nossos horizontes ao mesmo tempo em que nos move profundamente.

E é isto que Marden propõe neste volume. Não se trata de um livro de críticas, mas de... digamos... um guia de estudos. Dono de uma bagagem cinematográfica notável que só é rivalizada por sua paixão pelo audiovisual, Marden faz, aqui, uma proposta simples, mas capaz de gerar frutos magníficos: que tal assistir a quatro filmes por semana, durante um ano? Mas não quaisquer filmes; 208 longas escolhidos com o propósito de oferecer um retrato abrangente que certamente conduzirá os leitores/cinéfilos mais aplicados em uma jornada hipnotizante e reveladora, de *Morangos Silvestres* a *O Mentiroso*, de *Cupido é Moleque Teimoso* a *Notícias de uma Guerra Particular*, de *Cinderela* a *Oldboy*, de *Amarelo Manga* a *A Viagem de Chihiro*, de...

... mas vocês já compreenderam a ideia.

(Ah, sim: e é claro que o livro inclui *O Poderoso Chefão*; caso contrário, eu não aceitaria escrever este prefácio.)

Neste sentido, Marden remete aos seminais guias de Leonard Maltin, mas com uma diferença importante: enquanto Maltin podia sufocar ao buscar listar tudo, Marden é certeiro ao fazer uma curadoria particular para ressaltar alguns dos longas essenciais por sua qualidade ou simplesmente por sua importância histórica. Com isso, o leitor encontra, em um labirinto de produções, um fio que o ajudará em sua viagem e em seu aprendizado.

E poucos guias poderiam ser mais apaixonados por sua tarefa do que Marden Machado.

Uma boa jornada a todos!

Pablo Villaça
Crítico de Cinema e
Diretor do portal Cinema em Cena

DURO DE MATAR
DIE HARD
EUA 1988

Direção: John McTiernan

Elenco: Bruce Willis, Bonnie Bedelia, Alan Rickman, Reginald VelJohnson, Paul Gleason, William Atherton, Hart Bochner, James Shigeta e Alexander Godunov. **Duração:** 131 minutos. **Distribuição:** Fox.

Tudo que John McClane queria era uma chance de refazer sua família. Ele é um policial de Nova York em visita a Los Angeles na semana do Natal. Sua ex-mulher, Holly, trabalha para uma multinacional japonesa que funciona na Nakatomi Plaza. É para lá que ele vai para se encontrar com ela. O local é invadido por um grupo de supostos terroristas comandado por Hans Gruber. McClane torna-se então o cara certo, no lugar certo, na hora certa. Essa é a trama de *Duro de Matar*, filme dirigido em 1988 por John McTiernan e estrelado por um Bruce Willis em início de carreira no cinema. Willis já era um rosto conhecido da TV, onde atuava na série *A Gata e o Rato*. O papel de McClane havia sido oferecido ao ator Tom Berenger, que o recusou. Na pele de Willis, John McClane se transformou em um ícone do cinema de ação. A história de *Duro de Matar* trouxe um novo fôlego para um gênero que já demonstrava sinais de cansaço. Seu impacto foi tão grande que sua estrutura narrativa virou fórmula. Por exemplo: o que é *Velocidade Máxima*? Nada mais nada menos que um *Duro de Matar* dentro de um ônibus. O diretor John McTiernan desenvolveu na época o que podemos chamar de "cinema claustrofóbico de ação". Ele havia dirigido *O Predador* e dirigiria depois *A Caçada ao Outubro Vermelho*. Junto com *Duro de Matar*, eles compõem uma trilogia de filmes de ação passados em ambientes fechados. Além de Willis, destaque para o ator britânico Alan Rickman, em seu filme de estreia, no papel do vilão Hans Gruber. Como diria John McClane, tire seus sapatos e meias e deixe seus pés tocarem o chão. E se as coisas se complicarem: "Yippee-ki-yay, motherfucker".

ELIZABETH

ELIZABETH
INGLATERRA 1998

Direção: Shekhar Kapur

Elenco: Cate Blanchett, Geoffrey Rush, Christopher Eccleston, Joseph Fiennes, Richard Attenborough, Fanny Ardant, Kathy Burke, Eric Cantona, James Frain, Vincent Cassel, Daniel Craig e John Gielgud. **Duração:** 124 minutos. **Distribuição:** Universal.

Em 1999, das cinco atrizes indicadas ao Oscar, duas eram merecedoras do prêmio: Fernanda Montenegro, por *Central do Brasil*, ou Cate Blanchett, por *Elizabeth*. A estatueta foi para Gwyneth Paltrow, de *Shakespeare Apaixonado*. O tempo provou que a Academia fez a escolha errada. A então pouco conhecida atriz australiana Cate Blanchett se revelou no papel-título de *Elizabeth*. Dirigido pelo paquistanês radicado na Inglaterra Shekhar Kapur, o filme conta os primeiros anos de reinado de uma das mais importantes monarcas da história inglesa. O diretor percebeu no roteiro de Michael Hirst elementos comuns aos filmes de máfia e imprimiu ao seu filme uma narrativa semelhante à de *O Poderoso Chefão*. Elizabeth assume o comando de seu reino em um momento extremamente delicado. Não há recursos financeiros e nem de pessoal. O exército quase não existe mais. Sobram intrigas e traições. Cabe a ela, portanto, tomar decisões importantes que mudarão o mundo como o conhecemos hoje. O projeto original previa uma trilogia. Além deste, foi realizado em 2007 um segundo filme, *Elizabeth: A Era de Ouro*. O terceiro ainda não foi confirmado.

A PRIMEIRA NOITE DE UM HOMEM
THE GRADUATE
EUA 1967

Direção: Mike Nichols

Elenco: Dustin Hoffman, Anne Bancroft, Katharine Ross, William Daniels, Elizabeth Wilson, Murray Hamilton, Brian Avery, Norman Fell, Walter Brooke, Alice Ghostley, Marion Lorne e Elisabeth Fraser. Duração: 101 minutos. Distribuição: Universal.

Benjamin Braddock foi o primeiro papel de destaque no cinema do ator Dustin Hoffman. Um jovem recém-formado que volta para casa. Ele ainda não encontrou seu lugar no mundo. A sequência que o mostra com roupa de mergulho é emblemática de seu total deslocamento. Além disso tudo, Benjamin é medroso, sem autoconfiança, muito menos autoestima e ainda é virgem. Surge então a senhora Robinson, em interpretação luminosa de Anne Bancroft, que é casada com o sócio do pai dele e termina por seduzi-lo. A partir daí, é nítida a transformação de Benjamin. Porém, algo continua fora do lugar. O caos em sua vida fica completa quando ele se apaixona por Elaine (Katharine Ross), filha de sua amante. Será que um filme como esse seria produzido na Hollywood politicamente correta dos dias atuais? É uma pergunta que me faço sempre que revejo este filme. Mike Nichols, em seu segundo trabalho como diretor, consegue sintetizar na personagem de Benjamin todo o conflito de uma geração que se descobria completamente perdida. *A Primeira Noite de Um Homem*, além de uma direção criativa e cheia de simbolismo; um elenco primoroso e em estado de graça e um roteiro que continua bastante pulsante, traz uma trilha sonora que marcou época e gerações composta pela dupla Simon & Garfunkel. Uma curiosidade: a diferença de idade entre Bancroft e Hoffman era de apenas seis anos.

FÚRIA SANGUINÁRIA
WHITE HEAT
EUA 1949

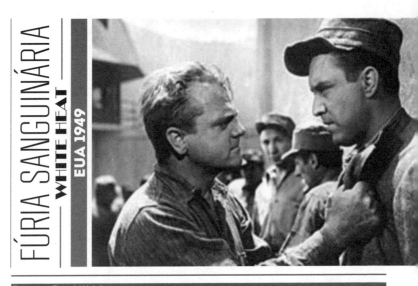

Direção: Raoul Walsh
Elenco: James Cagney, Virginia Mayo, Edmond O'Brien, Margaret Wycherly e Fred Clark. Duração: 114 minutos. Distribuição: Warner.

Assim como o *western* e o musical, o filme de gângster é um gênero essencialmente americano. A Warner, ao longo dos anos 1930, produziu dezenas de filmes dessa variação do policial. E ninguém vivia um gângster tão bem quanto James Cagney. Em *Fúria Sanguinária*, ele é Cody Jarrett, um mafioso psicótico, esquentado e completamente devotado a uma mãe possessiva. Cagney era um ator versátil. Sabia dançar e cantar e procurou diversificar seus papéis ao longo da carreira. Porém, sua "praia" mesmo eram os filmes de gângster onde ele brilhava sempre no papel do vilão. Sua atuação tinha uma intensidade incomum, forte, única. Dirigido pelo experiente Raoul Walsh, *Fúria Sanguinária* é o canto do cisne do primeiro ciclo do gangsterismo cinematográfico. E também um dos melhores do gênero. Violento e perturbador, o filme tem uma cena clássica onde Cody diz uma das frases mais populares da história do cinema: "Eu consegui, mãe! Estou no topo do mundo!".

O COZINHEIRO, O LADRÃO, SUA MULHER E O AMANTE
THE COOK, THE THIEF, HIS WIFE AND HER LOVER
INGLATERRA 1989

Direção: Peter Greenaway

Elenco: Richard Bohringer, Michael Gambon, Helen Mirren, Alan Howard, Tim Roth e Ciarán Hinds. Duração: 124 minutos. Distribuição: Aurora.

O cineasta inglês Peter Greenaway não é diretor muito acessível. Sua obra possui um apuro visual extremado e ele não costuma seguir as regras da narrativa convencional. *O Cozinheiro, o Ladrão, sua Mulher e o Amante* talvez seja seu trabalho mais "simples". Se é que podemos chamar assim um filme dirigido por ele. A história gira em torno das quatro personagens citadas no título. Tudo acontece no restaurante onde o *chef* (Richard Bohringer) prepara pratos exóticos e sofisticados para um sempre faminto gângster (Michael Gambon). Neste mesmo local, sua esposa (Helen Mirren), cansada das grosserias do marido, termina se envolvendo com um outro homem que frequenta o lugar (Alan Howard). Greenaway, com o auxílio de seu diretor de fotografia, Sacha Vierny, trabalha com cores específicas para cada ambiente do restaurante. Esse recurso, ao mesmo tempo em que causa um belo impacto cênico, pontua dramaticamente a ação. O estilo operístico do diretor/roteirista funciona aqui de maneira perfeita e instigante. Para comer com os olhos.

ARIZONA NUNCA MAIS
RAISING ARIZONA
EUA 1987

Direção: Ethan Coen e Joel Coen

Elenco: Nicolas Cage, Holly Hunter, Trey Wilson, John Goodman, William Forsythe, Sam McMurray, Frances McDormand, Randall 'Tex' Cobb, T.J. Kuhn e Lynne Dumin Kitei. Duração: 94 minutos. Distribuição: Fox.

Durante muito tempo, os irmãos Coen nos fizeram crer que o trabalho da dupla era dividido da seguinte maneira: os dois escreviam o roteiro, Ethan produzia e Joel dirigia. Eles revelaram depois que nunca houve essa separação entre produção e direção, e além disso, era comum eles montarem o filme juntos também, só que utilizando o pseudônimo de Roderick Jaynes. *Arizona Nunca Mais* foi o filme que os popularizou. Na trama, um ladrão atrapalhado (Nicolas Cage), se apaixona e se casa com uma fotógrafa da polícia (Holly Hunter). Os dois não conseguem ter filhos e quando descobrem que um outro casal teve quíntuplos, a decisão é rápida e simples: já que eles têm tantos, não sentirão falta de um. Com um roteiro cheio de surpresas e uma direção carregada de criatividade, o filme ainda conta com um par central esbanjando uma perfeita química em cena. E o elenco de apoio não fica devendo também, com destaque especial para John Goodman e William Forsyth, os dois fugitivos da prisão e, claro, o motoqueiro mercenário vivido de maneira ímpar por Randall "Tex" Cobb. Uma comédia maluca, extremamente original e engraçada. Algo cada vez mais raro no cinema americano atual. Preste atenção na "demora" para apresentação dos créditos de abertura.

OS INCRÍVEIS
THE INCREDIBLES
EUA 2004

Direção: Brad Bird

Animação. Duração: 115 minutos. Distribuição: Buena Vista.

Guardadas as devidas proporções, a animação *Os Incríveis* é tudo o que o filme do *Quarteto Fantástico* deveria ter sido e não conseguiu. Foi o primeiro trabalho de Brad Bird para a Pixar (antes ele havia dirigido *O Gigante de Ferro* para a Warner e trabalhado na equipe de desenhistas de *Os Simpsons*). É também o primeiro desenho do Estúdio a utilizar humanos como protagonistas. Trata-se aqui de um típico filme de super-heróis, ou melhor, de uma família de super-heróis. A trama mistura magistralmente elementos da mitologia das histórias-em-quadrinhos com o ritmo vertiginoso do cinema de espionagem. Com personagens bem definidas e carismáticas, principalmente a estilista Edna Moda, *Os Incríveis* é a prova de que não há limites para a criatividade e ousadia dos artistas e técnicos da Pixar. Um aviso: veja o filme até o final dos créditos e confira nos extras do DVD o curta com o filho caçula da família.

FUGINDO DO INFERNO
THE GREAT ESCAPE
EUA 1963

Direção: John Sturges

Elenco: Steve McQueen, James Garner, Richard Attenborough, James Donald, Charles Bronson, Donald Pleasence, James Coburn, David McCallum, Gordon Jackson, John Leyton, Angus Lennie e Nigel Stock. Duração: 172 minutos. Distribuição: MGM.

Muitos consideram *Fugindo do Inferno* o melhor filme de fuga cuja ação se passa na Segunda Guerra Mundial. Se não for mesmo, seguramente está entre os melhores do gênero. Dirigido em 1963 por John Sturges e contando com um extenso elenco de atores liderado pelo astro Steve McQueen, o filme é inspirado em fatos reais. O roteiro, escrito por James Clavell e W.R. Burnett, se baseia em um livro de mesmo título, escrito por Paul Brickhill e que narra a história de sucessivas tentativas de fuga de um grupo de soldados aliados presos pelos nazistas. Sturges era um diretor que sabia valorizar a ação e isso, não falta em *Fugindo do Inferno*. "A Grande Fuga", tradução literal do título original, vai sendo preparada ao longo de todo o filme através de planos, tentativas, erros e acertos. Tudo o que acontece, de bom e de ruim, serve como experiência para novas tentativas. McQueen, que adorava velocidade, seja em carros ou motos, protagoniza aqui uma sequência eletrizante pilotando uma motocicleta. O filme inspirou a série cômica de TV *Guerra, Sombra e Água Fresca* e também a animação com massinha *Fuga das Galinhas*.

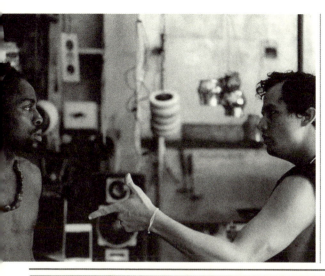

Ó PAÍ, Ó
BRASIL 2007

Direção: Monique Gardenberg

Elenco: Lázaro Ramos, Wagner Moura, Dira Paes, Stênio Garcia, Luciana Souza, Érico Brás, Valdinéia Soriano, Lyu Arisson, Cássia Vale, Tânia Tôko, Emanuelle Araújo, Auristela Sá e Rejane Maia. Duração: 98 minutos. Distribuição: Europa.

A diretora Monique Gardenberg realizou trabalhos no teatro e começou no cinema dirigindo curtas. Nascida e criada em Salvador - Bahia, ela se mudou para o Rio de Janeiro onde iniciou um curso de Economia. Na Universidade, sua veia artística se revelou através de sua atuação cuidando das ações culturais do Centro Acadêmico. Ao longo da segunda metade dos anos 1970 até meados dos anos 1980, ela trabalhou com teatro e dirigiu alguns curtas. *Ó Paí, Ó* é baseado em uma peça escrita por Márcio Meirelles e encenada por atores do Bando de Teatro Olodum. Foi o terceiro longa dirigido por Monique e o primeiro em que ela dialoga com sua herança baiana. Tudo acontece em um cortiço localizado na região do Pelourinho, no centro de Salvador. Lá vivem muitas pessoas, cada uma delas com seus problemas e sonhos. O lugar é administrado com mão de ferro pela síndica do prédio. A quantidade de personagens é muito grande, mas isso não complica em nada a narrativa. Ninguém rouba a cena de ninguém e todos têm seu momento. As personalidades deles são bem definidas e irresistivelmente bem defendidas por seus intérpretes. *Ó Paí, Ó* exala baianidade e, portanto, muita brasilidade. O filme tem ritmo e ginga. Prova que é possível fazer um cinema regional de caráter universal. Se você quiser mais, existe também uma série de TV com duas temporadas.

O HOMEM ELEFANTE
THE ELEPHANT MAN
EUA/INGLATERRA 1980

Direção: David Lynch

Elenco: Anthony Hopkins, John Hurt, Anne Bancroft, John Gielgud, Wendy Hiller, Freddie Jones, Michael Elphick, Hannah Gordon, Helen Ryan e John Standing. Duração: 124 minutos. Distribuição: Universal.

David Lynch sempre foi um artista apaixonado por temas bizarros, estranhos, oníricos e fora do convencional. Não existe meio-termo para seu tipo de cinema. Ou você gosta ou você detesta. *O Homem Elefante*, filme que ele dirigiu em 1980, talvez seja o único "meio-termo" de toda a sua carreira. A trama se baseia na vida real de John Merrick, um homem que viveu na Inglaterra vitoriana e sofria de um caso grave de neurofibromatose múltipla. Ele é explorado por um circo, que o apresenta como uma aberração da natureza. Isso até ser encontrado pelo Dr. Frederick Treves, que o leva para ser tratado em um hospital. A história fala de amizade e compaixão, dignidade e superação. A escolha de Lynch por realizar as filmagens em preto-e-branco foi acertadíssima. Primeiro, porque "disfarça" possíveis falhas da maquiagem. Segundo, por conta dos aspectos bizarros da vida da personagem principal. E terceiro, devido à questão estética como um todo, que fica mais evidente com o uso dessa fotografia. Três atores merecem destaque: John Hurt, que transmite de maneira comovente todas as emoções de Merrick, mesmo utilizando uma pesada máscara de corpo inteiro; Anthony Hopkins no papel do Dr. Treves, uma pessoa cuja humanidade é tão grande que se fosse interpretada por um ator menos talentoso poderia se tornar caricata; e Anne Bancroft, que empresta classe e beleza à figura da sra. Kendal, uma atriz que se comove com o drama vivido por Merrick. Uma curiosidade: foi ao rever *O Homem Elefante* que Jonathan Demme viu em Hopkins o ator certo para assumir o papel de Hannibal Lecter em *O Silêncio dos Inocentes*. Por razões que superam qualquer explicação lógica, Demme viu nos olhos bondosos do Dr. Treves o olhar que ele queria para o Dr. Lecter.

DIÁRIO DE UMA PAIXÃO
THE NOTEBOOK
EUA 2004

Direção: Nick Cassavetes

Elenco: Ryan Gosling, Rachel McAdams, Sam Shepard, Joan Allen, Tim Ivey, Starletta DuPois, James Garner, Gena Rowlands, e Ed Grady. Duração: 123 minutos. Distribuição: PlayArte.

"Algumas pessoas querem encher o mundo de canções bobas de amor. O que há de errado nisso?", pergunta Paul McCartney em *Silly Love Songs*. O diretor Nick Cassavetes faz uma pergunta semelhante em *Diário de Uma Paixão*. Antes de mais nada, devo dizer: você já viu essa história antes. O amor de verão que surge entre um garoto pobre e uma garota rica. Mas o filme de Cassavetes vai bem além desse clima de quase "Romeu e Julieta". Aqui temos duas histórias que seguem em paralelo. A de um casal de velhos, vividos pelos veteranos James Garner e Gena Rowlands (mãe do diretor na vida real) e do jovem casal apaixonado Noah (Ryan Gosling) e Allie (Rachel McAdams), dois talentosos atores da nova geração. Outra decisão acertada de Cassavetes foi assumir seu filme como um melodrama. Impossível não se envolver com as duas narrativas e se emocionar com elas. Paixão, carinho e amor estão sempre em cena. Seja na maneira delicada que mostra a personagem de Garner lendo o diário do título diariamente para a personagem de Rowlands, que sofre de Mal de Alzheimer. Seja na história de amor do jovem casal, que acontece nos anos de 1940. O filme destaca também que o ingrediente mais forte para manter uma relação de amor é a memória. Preste atenção na química dos dois casais e nos clichês assumidamente românticos. *Diário de Uma Paixão* até faz pensar, porém, seu intento maior é contar mais uma boba história de amor, como a música do ex-Beatle. O que há de errado nisso? Em tempo: Nick Cassavetes é filho do diretor-ator-roteirista John Cassavetes (ele fez o marido de Mia Farrow em *O Bebê de Rosemary*), falecido prematuramente em 1989 e ícone do cinema independente americano.

LOS ANGELES - CIDADE PROIBIDA
L.A. CONFIDENTIAL
EUA 1997

Direção: Curtis Hanson

Elenco: Russell Crowe, Guy Pearce, Kevin Spacey, Danny DeVito, James Cromwell, David Strathairn, Ron Rifkin, Matt McCoy e Kim Basinger. **Duração:** 137 minutos. **Distribuição:** Warner.

Adaptar para o cinema o romance *Los Angeles - Cidade Proibida*, de James Ellroy parecia uma tarefa impossível. O livro tinha dezenas de personagens, situações, tramas e sub-tramas. Um desafio para qualquer roteirista. O próprio diretor, Curtis Hanson, em parceria com Brian Helgeland, se encarregou de traduzir em imagens o rico e complexo mosaico criado por Ellroy. E o resultado não poderia ter sido melhor. *Los Angeles - Cidade Proibida*, o filme, se passa nos anos 1950 e mostra uma polícia aparentemente eficiente, porém, envolta em grandes esquemas de corrupção. Aliado a isso, temos uma imprensa sensacionalista; policiais-estrelas consultores da indústria do cinema e prostitutas que são submetidas a procedimentos cirúrgicos para ficarem com o mesmo rosto de atrizes de Hollywood. O elenco, predominantemente masculino, tem como destaque Russell Crowe (Bud White) e Guy Pearce (Ed Exley), que vivem dois policiais corretos, mas que têm visões distintas sobre a maneira de agir. Porém, seria injusto não destacar também as presenças de Danny DeVito (Sid), Kevin Spacey (Vincennes), James Cromwell (Dudley) e David Strathairn (Patchett). A única personagem feminina com participação importante é Kim Basinger, que vive Lynn Bracken. Há momentos em que tudo gira em torno dela e a atriz soube tirar proveito disso. A trama exige atenção não por ser intricada demais, mas pelo fato de lidar com muita gente. Todos os que aparecem são importantes e suas histórias vão se misturando e montando um painel multifacetado de uma cidade viva, que no fundo, é a personagem principal. Poderia e merecia ter ganho mais prêmios no Oscar de 1998. Ficou apenas com o de atriz coadjuvante e o de roteiro adaptado. Obrigatório.

Direção: Howard Hawks

Elenco: Humphrey Bogart, Walter Brennan, Lauren Bacall, Dolores Moran, Hoagy Carmichael e Sheldon Leonard. Duração: 100 minutos. Distribuição: Warner.

Howard Hawks era um diretor culto e muito bem relacionado com os grandes escritores americanos de sua época. Prova disso é que seu filme *Uma Aventura na Martinica* é baseado em um livro de Ernest Hemingway com roteiro escrito por William Faulkner. Diz a lenda que Hawks estava conversando com Hemingway e teria dito que o escritor era tão bom que ele poderia fazer um bom filme de seu pior livro. Assim teria nascido o projeto, que durante muito tempo ficou marcado como uma cópia de *Casablanca*. Uma grande injustiça, por sinal. É verdade que existem algumas semelhanças: a história se passa durante a Segunda Guerra Mundial; há um grupo de Resistência ao Nazismo; quase tudo acontece em um café noturno onde as pessoas bebem e ouvem música e, claro, temos Humphrey Bogart. Fora isso, é tudo diferente. Prefiro ver *Uma Aventura na Martinica* como uma grande brincadeira-homenagem ao filme de Michael Curtiz. Na trama, Steve (Bogart) é dono de um barco e é contratado para resgatar um casal da resistência. No meio disso tudo, ele conhece Marie, papel de estreia de Lauren Bacall, então com 19 anos. E isso faz toda a diferença. A química entre os dois é instantânea e se estendeu para a vida real. A direção de Hawks é ágil e precisa. Além disso, o roteiro tem diálogos primorosos e o elenco inteiro está bem à vontade em cena. Preste atenção na primeira aparição de Marie, quando ela pergunta se alguém tem fósforo. Preste igual atenção quando ela pergunta a Steve se ele sabe assobiar e ainda a maneira como ela mexe com a cabeça dos homens ao andar. *Uma Aventura na Martinica* é divertido e espirituoso. Inesquecível. Nesse ponto, ele é realmente igual ao *Casablanca*.

M.A.S.H.
EUA 1970

Direção: Robert Altman

Elenco: Donald Sutherland, Elliott Gould, Tom Skerritt, Robert Duvall, Sally Kellerman, Jo Ann Pflug, Rene Auberjonois e Gary Burghoff. Duração: 116 minutos. Distribuição: Fox.

Hospital Cirúrgico Móvel do Exército. Em inglês, Mobile Army Surgical Hospital. Ou simplesmente *M.A.S.H.*. Quando Robert Altman anunciou no final dos anos 1960 que iria dirigir uma comédia sobre a Guerra da Coreia, houve um misto de expectativa e apreensão. Guerras não são engraçadas. A questão é que em *M.A.S.H.* o humor surge como uma maneira, talvez a única, de lidar com os horrores da guerra. A história é centrada no trabalho de dois cirurgiões, Hawkeye (Donald Sutherland) e Trapper (Elliot Gould). Junto deles temos outras personagens que compõem o pelotão: o major "xarope" Frank (Robert Duvall), a oficial "lábios quentes" (Sally Kellerman), o vigário (Rene Auberjonois) e o "faz tudo" Radar (Gary Burghoff). Um elenco em estado de graça, sempre no ritmo e no tempo certos. Altman destila acidez e sarcasmo por todos os fotogramas. Mas, também exala humanidade e companheirismo. Seu filme não nos poupa da insanidade da guerra. E é dessa insanidade que ele extrai com leveza, graça e precisão o ridículo de qualquer conflito bélico entre países. Um humor inteligente, contestador, engajado e também reflexivo. O sucesso do filme foi tão grande que gerou uma série de TV. Ela ficou 11 temporadas no ar e foi uma das mais assistidas da história de televisão americana.

TARDE DEMAIS
THE HEIRESS
EUA 1949

Direção: William Wyler

Elenco: Olivia de Havilland, Montgomery Clift, Ralph Richardson, Miriam Hopkins e Vanessa Brown. **Duração:** 115 minutos. **Distribuição:** Versátil.

Baseado no livro *Washington Square*, de Henry James, o filme *Tarde Demais*, de William Wyler, conta a história de uma mulher, Catherine, vivida por Olivia de Havilland, filha de um rico e austero médico, que se apaixona pelo bonito e pobre Morris, papel de Montgomery Clift. O doutor Austin Sloper (Ralph Richardson) é viúvo e tem certeza que o pretendente de sua filha está interessado apenas na sua fortuna. A trama, que inicialmente nos faz supor se tratar de um clássico conflito de classes, toma um rumo completamente inusitado. O diretor Wyler nasceu na Alemanha e foi morar nos Estados Unidos quando completou 18 anos. Seus primeiros trabalhos foram realizados na Universal, de propriedade de um primo de sua mãe. Ao longo das décadas de 30, 40 e 50 do século passado consolidou sua carreira realizando grandes filmes, principalmente para os estúdios Warner, Metro e Paramount. Diferente de John Ford, Alfred Hitchcock, Billy Wilder ou Howard Hawks, que conseguiram desenvolver uma assinatura para suas obras, Wyler não teve ainda o reconhecimento que merece. Talvez a força de seu cinema esteja justamente nisso, em não ter uma marca, um estilo. Seus filmes são elegantes, bem dirigidos e tiveram boas bilheterias. Vencedor de inúmeros prêmios, entre eles, três Oscar de melhor diretor, boa parte dos atores e atrizes que trabalharam com Wyler foram premiados por seu desempenho. *Tarde Demais*, que deu a Olivia de Havilland seu segundo Oscar de melhor atriz, é um exemplo bem acabado do cinema feito por este grande diretor.

NEM TUDO É O QUE PARECE
LAYER CAKE
INGLATERRA 2004

Direção: Matthew Vaughn

Elenco: Daniel Craig, Tom Hardy, Sienna Miller, Colm Meaney, George Harris, Jamie Foreman, Michael Gambon, Tamer Hassan, Ben Whishaw, Burn Gorman e Sally Hawkins. **Duração:** 105 minutos. **Distribuição:** Sony.

O senhor X está cansado. Ele comercializa drogas e já levantou uma boa grana. No momento, ele só pensa em uma coisa: aposentadoria. Até surgir um último trabalho que ele não poderá recusar. E, claro, as coisas não sairão como planejado. Estreia na direção de Matthew Vaughn, produtor dos dois primeiros filmes de Guy Ritchie, *Nem Tudo É O Que Parece* revela-se uma boa surpresa. O título original *Layer Cake*, ou "bolo de camadas", resume bem a situação vivida pelo senhor X. Interpretado por um Daniel Craig pré-007, X deve alguns favores ao chefão do crime local, além disso, ainda temos a presença vulcânica de Tammy, vivida por Sienna Miller. Realmente, a vida de X tem muitas "camadas". Quando este filme foi lançado, muita gente comparou aos filmes de Guy Ritchie. Chegaram a dizer na época que talvez Vaughn tivesse sido mais diretor do que produtor dos filmes do amigo. Pura intriga. Os dois pertencem à mesma geração e conhecem bem esse mundo. *Nem Tudo É O Que Parece* é o tipo de filme que precisa de um elenco convincente para funcionar e nesse ponto, não há o que se questionar. A integração e competência de todos em cena, além do roteiro criativo e da excelente trilha sonora, fazem deste filme uma pequena joia do moderno cinema inglês. Uma curiosidade: foi por causa desse papel que Daniel Craig foi convidado para assumir a personagem de James Bond.

O SOL É PARA TODOS
TO KILL A MOCKINGBIRD
EUA 1962

Direção: Robert Mulligan

Elenco: Gregory Peck, Mary Badham, Philip Alford, John Megna, Frank Overton, Estelle Evans, Brock Peters, Collin Wilcox e Robert Duvall. Duração: 129 minutos. Distribuição: Universal.

O roteiro de *O Sol É Para Todos* é baseado no premiado livro de Harper Lee. A escritora era a melhor amiga de Truman Capote, que é homenageado com a personagem do menino Dill. No filme *Capote* ela é interpretada pela atriz Catherine Keener. *O Sol É Para Todos* se passa no início dos anos 1930 e conta a história de um advogado, Atticus Finch, vivido na medida certa por Gregory Peck. Ele é um homem íntegro, viúvo e que cuida dos dois filhos pequenos. Aliás, o ponto de vista da narrativa é o de sua filha, Scout (Mary Badham), já adulta lembrando um acontecimento importante da infância, quando seu pai defendeu um negro (Brock Peters), acusado de estuprar uma garota branca (Collin Wilcox). O diretor Robert Mulligan não quis reinventar a roda e conduziu a trama de maneira pouco criativa, porém, correta e eficiente. A história tem sozinha todos os elementos para nos envolver emocionalmente. O que fica de marcante do filme é a relação de Atticus com seus filhos e sua firme conduta ética na defesa do suposto criminoso. *O Sol É Para Todos* foge do padrão dualístico-maniqueísta de Hollywood. Não há vilões na história, nem a luta entre bons e maus. Existem princípios a serem defendidos. Duas curiosidades: foi o primeiro trabalho para cinema do ator Robert Duvall e a personagem Atticus Finch foi declarada pelo American Film Institute como o maior herói do cinema em todos os tempos.

O FEITIÇO DE ÁQUILA
LADYHAWKE
EUA 1985

Direção: Richard Donner

Elenco: Matthew Broderick, Michelle Pfeiffer, Rutger Hauer, Leo McKern, John Wood, Alfred Molina e Ken Hutchison. Duração: 121 minutos. Distribuição: Fox.

Sempre juntos, eternamente separados. Isso resume a maldição lançada pelo bispo de Áquila ao casal Navarre e Isabeau. Durante o dia ela se transforma em um falcão e durante a noite ele se transforma em um lobo. É somente na brevidade crepuscular que eles conseguem se ver em suas formas humanas. Isabeau, vivida por Michelle Pfeiffer em seu momento de maior beleza, despertou no bispo (John Wood) uma paixão e um ciúme incontroláveis. Quando ele descobre que ela é apaixonada pelo chefe da guarda Etienne Navarre, papel de Rutger Hauer, seu ódio e frustração cuidam para que os dois fiquem impossibilitados de concretizar esse amor. O casal encontra um ladrão conhecido como Rato (Matthew Broderick), que fugiu da prisão e decide ajudá-los a quebrar o feitiço. A história de *O Feitiço de Áquila* se passa na Idade Média e mistura romance, aventura, suspense e comédia. O diretor Richard Donner consegue um excelente resultado, principalmente, por conta das acertadas escolhas que fez para o elenco e para as locações. Ter filmado na Itália deu ao filme o clima de conto de fadas que a história precisava e é impossível imaginar outros atores na pele das personagens desta fantasia, que continua encantadora.

GIGANTE
Gigante
URUGUAI 2009

Direção: Adrián Biniez

Elenco: Horacio Camandule, Leonor Svarcas, Fernando Alonso e Diego Artucio. Duração: 84 minutos. Distribuição: Imovision.

É comum ouvirmos dizer que os homens têm dificuldade para expressar seus sentimentos. No cinema, assim como na vida, a situação não é muito diferente. É raro vermos filmes que tratam de amor e paixão sob a ótica masculina. *Gigante*, uma produção uruguaia escrita e dirigida pelo argentino Adrián Biniez é uma exceção. O filme conta a história de um segurança de supermercado, Jara, vivido de maneira comovente pelo ator Horacio Camandule, que se apaixona por Julia (Leonor Svarcas), uma moça da limpeza. Jara a conhece pelo sistema de vigilância e passa a segui-la diariamente pelo circuito fechado e pelas ruas de Montevideo. Longa de estreia de Biniez, que antes havia realizado dois curtas, *Gigante* é um filme cheio de silêncios e de pausas que estão de acordo com a maneira como o gigante Jara vê o mundo. Tímido e inseguro, seu porte físico e sua altura passam uma ideia equivocada de seu verdadeiro interior. Com habilidade e extrema sensibilidade, Biniez constrói uma pequena história de amor carregada de ternura. Preste atenção na criatividade do roteiro. Principalmente, no recurso utilizado pelo diretor para a primeira troca de olhar entre Jara e Julia e vice-versa. Isso ocorre em momentos distintos, porém, com o mesmo artifício.

CINDERELA (1950)
CINDERELA
EUA 1950

Direção: Clyde Geronimi, Wilfred Jackson e Hamilton Luske
Elenco: Animação. **Duração:** 74 minutos. **Distribuição:** Buena Vista.

Dentre as muitas princesas que fazem parte do universo criado por Walt Disney, *Cinderela* talvez seja a mais emblemática. Afinal, foi a partir de seu castelo que nasceu o primeiro parque temático da companhia e é ele que serve de símbolo para o Estúdio. A história de *Cinderela* tem muitas versões. A mais conhecida é a do francês Charles Perrault, escrita em 1697 e baseada num conto italiano popular chamado *A Gata Borralheira*. A jovem *Cinderela* é filha de um rico comerciante, que após ficar viúvo, casa-se outra vez. Pouco depois, ele vem a falecer e a menina passa a ser tratada como escrava pela madrasta e suas duas filhas. A mágica acontece quando o rei anuncia um grande baile. Uma fada madrinha aparece e realiza o desejo de *Cinderela* ir ao castelo para a festa. O resto da trama é de puro suspense e envolve um sapatinho de cristal perdido. Walt Disney optou por usar todos os elementos típicos de um conto de fadas e realizou uma das mais perfeitas animações. Por conta disso, *Cinderela* encanta gerações desde o seu lançamento. A mágica, como se vê, ainda funciona.

CUPIDO É MOLEQUE TEIMOSO
THE AWFUL TRUTH
EUA 1937

Direção: Leo McCarey

Elenco: Cary Grant, Irene Dunne, Ralph Bellamy, Alexander D'Arcy, Cecil Cunningham, Molly Lamont, Esther Dale, Joyce Compton, Robert Warwick e Mary Forbes. **Duração:** 91 minutos. **Distribuição:** Columbia.

Não se deixe enganar pelo pavoroso título nacional de *The Awful Truth*, (A Horrível Verdade), que foi traduzido como *Cupido É Moleque Teimoso*. Este filme dirigido em 1937 por Leo McCarey deixa bem clara a superioridade absoluta das comédias feitas em Hollywood nos anos 1930 e 1940 em comparação com qualquer uma feita hoje. Elas eram melhores em tudo: roteiro, elenco, produção e direção. E o mais importante: respeitavam nossa inteligência. A trama, baseado em uma peça de teatro escrita por Arthur Richman em 1921, se concentra nas confusões vividas pelo casal Lucy (Irene Dunne) e Jerry (Cary Grant). Tudo ia bem entre eles até que um começa a desconfiar da fidelidade do outro. Suas vidas viram de cabeça para baixo por conta de algumas "mentirinhas" que resultam em um pedido de divórcio. Como a separação oficial só sairá em três meses, durante a espera cada um passa a sabotar as tentativas de um novo romance do outro. O filme conta com uma direção ágil (que deu a McCarey o Oscar de melhor diretor), um roteiro cheio de diálogos precisos e um elenco inspirado. Não por acaso é celebrada como uma das melhores comédias de todos os tempos. *Cupido É Moleque Teimoso* tem charme, elegância e sofisticação. Precisa mais?

MUITO BARULHO POR NADA
MUCH ADO ABOUT NOTHING
INGLATERRA 1993

Direção: Kenneth Branagh

Elenco: Denzel Washington, Kenneth Branagh, Emma Thompson, Keanu Reeves, Robert Sean Leonard, Kate Backinsale, Imelda Staunton e Michael Keaton. **Duração:** 111 minutos. **Distribuição:** PlayArte.

William Shakespeare é mais conhecido por suas tragédias. Mas o bardo inglês também escreveu comédias. E *Muito Barulho Por Nada* é uma das mais engraçadas. Na verdade, trata-se de uma comédia romântica. A história é sobre um casal Cláudio (Robert Sean Leonard) e Hero (Kate Backinsale), que irá se casar em uma semana. De brincadeira, eles conspiram com Pedro (Denzel Washington), e pregam uma peça em seus amigos, Beatriz (Emma Thompson) e Benedito (Kenneth Branagh), que não se suportam, para que confessem que são apaixonados um pelo outro. Paralelo a isso, João (Keanu Reeves) planeja sabotar o casamento. Qualquer comédia romântica para funcionar precisa basicamente de três coisas: bons diálogos, ritmo e química entres os atores. *Muito Barulho Por Nada* tem tudo isso de sobra. A interação de todo o elenco é perfeita, principalmente, entre Kenneth Branagh e Emma Thompson, então casados na vida real. O roteiro, extremamente fiel ao original, é recheado de situações e falas impagáveis. E a direção de Branagh, o mais cinematográfico dos diretores de obras shakespeareanas, é dinâmica e criativa. Em nenhum momento o filme parece uma peça de teatro. Ele tira proveito das locações e de toda a movimentação que acontece em cena. É bonito de ver e gostoso de ouvir.

MUITO ALÉM DO JARDIM
BEING THERE
EUA 1979

Direção: Hal Ashby

Elenco: Peter Sellers, Shirley MacLaine, Jack Warden, Melvyn Douglas e Richard Basehart. Duração: 130 minutos. Distribuição: Warner.

Muito Além do Jardim é baseado no livro *O Videota*, do polonês Jerzy Kosinski, que também escreveu o roteiro do filme. Conta a história do jardineiro Chance (Peter Sellers), que passou a vida isolado de tudo ao seu redor cuidando apenas de seu jardim. Ele não sabe ler ou escrever e conhece o mundo apenas através da televisão. Todo o seu conhecimento se resume ao cultivo das plantas e ao que viu na TV. Por uma série de circunstâncias ele se torna conselheiro do presidente dos Estados Unidos e de alguns poderosos que ficam maravilhados com sua imensa e profunda sabedoria. *Muito Além do Jardim* foi realizado em 1979, mas continua bastante atual. O diretor Hal Ashby conduz a trama com grande habilidade e critica de maneira sutil e inteligente uma sociedade fascinada por celebridades e vazia de conteúdo. Além do excelente roteiro e da direção inspirada, o filme não seria o mesmo sem o elenco de atores que foi escalado. Em especial Peter Sellers, em seu último trabalho (ele veio a falecer poucos meses depois do lançamento). A maneira como ele compôs a personagem Chance é primorosa. Sellers, que sempre foi um ator mais "físico", imprimiu ao jardineiro um comportamento mais contido, tímido, desligado e de olhar distante. Impossível imaginar outro ator nesse papel. *Muito Além do Jardim* é corrosivo, contundente e resistiu bem ao teste do tempo. Como diria Chance: "eu gosto de ver".

O TROCO
PAYBACK
EUA 1999

Direção: Brian Helgeland

Elenco: Mel Gibson, Gregg Henry, Maria Bello, David Paymer, Lucy Liu, Bill Duke, Deborah Kara Unger, John Glover, William Devane e Kris Kristofferson. **Duração:** 100 minutos. **Distribuição:** Warner.

Existe uma máxima entre assassinos profissionais que diz: "quando se mata alguém, é bom ter certeza que ele morreu mesmo". Essa regra não foi seguida em *O Troco*. Estreia na direção do roteirista Brian Helgeland, *O Troco* é uma refilmagem de *À Queima-Roupa* (Point Blank), dirigido em 1967 por John Boorman e estrelado por Lee Marvin, no papel de Porter. Nesta nova versão, Mel Gibson vive a personagem principal. A trama é bem simples. Dois amigos, Val Resnick e Porter, roubam 140 mil dólares de coletores da máfia chinesa. O dinheiro seria dividido por dois, ou seja, 70 mil para cada um. Val Resnick (Gregg Henry) trai o parceiro (junto com a mulher dele), o mata e fica com a grana toda. Só que as coisas nem sempre acontecem como planejado. Porter, dado como morto, sobrevive. Tudo que ele quer agora é se vingar e recuperar a sua parte no trato. Para isso, terá que enfrentar o ex-amigo, a máfia chinesa, gângsters e policiais corruptos. Gibson, bem à vontade no papel, exala carisma em sua interpretação. Desde o início torcemos por ele. E Helgeland, em que pese ser seu primeiro trabalho como diretor, revela ritmo e segurança na composição das cenas e, de quebra, realiza uma bela homenagem aos filmes *noir*. *O Troco* não é uma obra-prima, e nem tenta ser. Seu objetivo é bem diferente e ele cumpre o que promete. O resto, é puro "raba, raba, raba".

O PEQUENO NICOLAU
LE PETIT NICOLAS
FRANÇA 2009

Direção: Laurent Tirard.

Elenco: Maxime Godart, Valérie Lemercier, Kad Merad, Sandrine Kiberlain, François-Xavier Demaison, Vincent Claude, Charles Vaillant, Victor Carles e Benjamin Averty. Duração: 99 minutos. Distribuição: Imovision.

Baseado em uma série de livros escritos por René Goscinny e ilustrados por Jean-Jacques Sempé, o filme *O Pequeno Nicolau*, dirigido e co-adaptado por Laurent Tirard, não transpõe para a tela grande nenhum dos livros especificamente. Tirard capturou a essência das personagens e criou uma história original. O diretor-roteirista também optou por manter a ação na mesma época em que ela acontece nos livros, um período situado entre o final dos anos 1950 e o início dos anos 1960. São oito amigos: Nicolau, Alceu, Godofredo, Eudes, Clotário, Rufino, Joaquim e Agnaldo. Eles possuem características físicas e personalidades bem distintas e estudam na mesma turma na escola. Em *O Pequeno Nicolau*, tanto nos livros como no filme, as crianças são simplesmente crianças, e não pequenos adultos. O bom paralelo com o Brasil pode ser encontrado nas histórias do *Menino Maluquinho*, de Ziraldo, e que gerou dois filmes muito bons: o primeiro dirigido por Helvécio Ratton e o segundo por Fernando Meirelles. Na trama, tudo gira em torno do nascimento de um novo filho na família de um dos meninos. Na fértil imaginação deles, sempre que um bebê nasce, o irmão mais velho é abandonado na floresta. Os garotos, liderados por Nicolau, tecem planos mirabolantes para resolver esse problema. O filme de Tirard é repleto de uma inocência comovente e contagiante. Em um mundo onde ainda não existiam computadores, videogames e a internet, Nicolau e seus amigos se divertem jogando bola, ouvindo e contando histórias, brincando em um terreno baldio. Eles são criativos e utilizando sempre a maior das ferramentas em qualquer brincadeira: a imaginação. Tirard realizou um filme carinhoso e nostálgico sem cair na pieguice do "no meu tempo era melhor". Com um elenco de pequenos atores mais do que perfeito e um ritmo ágil e preciso na direção e no roteiro, *O Pequeno Nicolau* é diversão garantida, e da melhor qualidade.

AMOR SUBLIME AMOR
WEST SIDE STORY
EUA 1961

Direção: Robert Wise e Jerome Robbins

Elenco: Natalie Wood, Richard Beymer, Russ Tamblyn, Rita Moreno, George Chakiris, Simon Oakland, William Bramley, Ned Glass, John Astin, Penny Santon, Jose de Vega e Jay Norman. Duração: 155 minutos. Distribuição: Fox.

Primeiro veio a peça, *Romeu e Julieta*, escrita há mais de 400 anos por William Shakespeare. Uma das mais famosas histórias de amor de todos os tempos, a tragédia dos dois jovens apaixonados de Verona, filhos de famílias rivais, já rendeu inúmeras adaptações, seja para teatro, dança, rádio, cinema, televisão e quadrinhos. O filme *Amor Sublime Amor* foi adaptado por Ernest Lehman de uma peça teatral encenada na Broadway em 1957. Arthur Laurents escreveu a adaptação, que foi dirigida no teatro por Jerome Robbins, que co-dirigiu o filme com Robert Wise. Como na obra de Shakespeare, nesta versão acompanhamos a rivalidade entre duas gangues de rua: os Jets e os Sharks. Tony (Richard Beymer), da gangue dos Jets, se apaixona por Maria (Natalie Wood), irmã do líder dos Sharks. *Amor Sublime Amor* rompeu com os paradigmas do musical hollywoodiano. A ousada coreografia estabeleceu novos padrões que são seguidos até hoje. Foi o grande vencedor do Oscar em 1962, quando recebeu dez prêmios, incluindo os de melhor filme e direção. Sua trilha sonora contém belas e marcantes canções que se tornaram bem populares. Duas curiosidades: 1) quase todo o elenco da peça foi recusado para o filme por ser considerado velho demais e 2) inicialmente, os produtores queriam Elvis Presley para o papel de Tony e Audrey Hepburn para o de Maria.

NESTE MUNDO E NO OUTRO
A MATTER OF LIFE AND DEATH
INGLATERRA 1946

Direção: Michael Powell e Emeric Pressburger

Elenco: David Niven, Kim Hunter, Roger Livesey, Marius Goring, Robert Coote, Raymond Massey, Robert Atkins, Kathleen Byron e Richard Attenborough. Duração: 104 minutos. Distribuição: Versátil.

A dupla de roteiristas/produtores/diretores inglesa formada por Michael Powell e Emeric Pressburger realizou entre 1940 e 1960 alguns dos mais importantes filmes da cinematografia britânica. Em *Neste Mundo e no Outro* eles contam a história de Peter (David Niven), um piloto da Real Força Aérea que durante a Segunda Guerra Mundial tem seu avião atingido. Ao relatar tudo pelo rádio para a enfermeira June (Kim Hunter), os dois se apaixonam. Ele pula do avião sem paraquedas e deveria ter morrido, porém, por um descuido do agente celeste responsável pelo setor, ele sobrevive. Como as contas no Céu não batem, o erro deve ser corrigido. Só resta a Peter apelar para um tribunal superior, já que não foi culpa dele ter escapado da morte. *Neste Mundo e no Outro* é mais uma "inspirada" tradução brasileira. No original, o filme se chama *A Matter of Life and Death*, algo como "Uma Questão de Vida e Morte". Powell e Pressburger retratam a Terra utilizando um belíssimo *technicolor*. O Céu é mostrado em um monótono preto-e-branco. O diretor de fotografia Jack Cardiff trabalha de maneira primorosa as diferenças de tons entre os planos terrestre e celeste. Com diálogos espirituosos que fazem referências bem colocadas ao cinema e, principalmente, ao clima e ao jeito de ser ingleses, *Neste Mundo e no Outro* é uma pequena obra-prima do cinema britânico que merece ser descoberta e apreciada. Uma curiosidade: nos Estados Unidos o filme foi chamado de *Stairway to Heaven* (Escada Para o Céu), porque os distribuidores americanos disseram que nenhuma película faria sucesso por lá tendo a palavra "morte" no título.

30 DIAS DE NOITE
30 DAYS OF NIGHT
EUA 2007

Direção: David Slade

Elenco: Josh Hartnett, Melissa George, Danny Huston, Ben Foster, Mark Boone Junior, Amber Sainsbury e Joel Tobeck. **Duração:** 113 minutos. **Distribuição:** Sony.

A ideia é tão boa que é difícil acreditar que nunca tivesse sido usada antes. Qual o melhor horário para um vampiro atacar? Durante a noite, é claro. Qualquer pessoa sabe disso. Agora imagine uma cidade isolada de tudo e que uma vez por ano fica em total escuridão durante um mês inteiro. Se você for um vampiro, é prá lá que você vai. E é isso o que acontece em *30 Dias de Noite*. O filme, dirigido por David Slade, é inspirado na história-em-quadrinhos de mesmo nome escrita por Steve Niles. Tudo acontece na pequena cidade de Barrow, no Alaska, onde o sol deixa de nascer por 30 dias todos os anos. Os sugadores de sangue de *30 Dias de Noite* fazem mais o estilo "clássico" de vampiro. Nada de se alimentar de sangue animal ou sintético. Eles gostam mesmo é de cravar seus caninos afiados na jugular dos humanos. Slade realça ainda mais a violência dos ataques utilizando plasticamente a combinação da brancura da neve com o vermelho do sangue. O resultado é ao mesmo tempo belo e assustador. Numa época cheia de vampiros vegetarianos e adocicados, é salutar ver filmes que ainda os mostram em sua melhor forma.

OS DOZE CONDENADOS
THE DIRTY DOZEN
EUA 1967

Direção: Robert Aldrich

Elenco: Lee Marvin, Ernest Borgnine, Charles Bronson, Jim Brown, John Cassavetes, Richard Jaeckel, George Kennedy, Donald Sutherland, Trini Lopez, Ralph Meeker, Robert Ryan, Telly Savalas, Clint Walker e Robert Webber. Duração: 150 minutos. Distribuição: Warner.

Os Doze Condenados é uma das principais inspirações de Quentin Tarantino em *Bastardos Inglórios*. É também considerado por muitos um dos melhores filmes "de missão" de todos os tempos. Dirigido com segurança e, principalmente, com tempo por Robert Aldrich em 1967, *Os Doze Condenados* é um filme cheio de ritmo e agilidade narrativa, porém, sabe dar espaço às personagens para que possamos conhecê-las melhor. E não estamos falando de um elenco pequeno, a história possui pelo menos 15 protagonistas. A trama acontece durante a Segunda Guerra Mundial. O Major Reisman (Lee Marvin) precisa montar um grupo de soldados para uma missão suicida de ataque aos nazistas. Para tanto, recebe doze prisioneiros que foram condenados à morte. A proposta que é oferecida a eles é bem simples e direta: perdão do crime caso aceitem a missão e sejam bem sucedidos. Aldrich, pacientemente, monta seu tabuleiro e nos apresenta, sem pressa, cada uma das personagens. Não pense que isso seja ruim para o filme. Muito pelo contrário. Isso nos dá tempo para vermos de maneira clara as motivações de cada um. Acompanhamos o treinamento e a missão especial que é designada ao grupo. Carregado de muito humor nada correto e com um elenco de primeira, *Os Doze Condenados* foi um dos primeiros filmes, se não o primeiro, a defender a máxima "nazista bom é nazista morto". John Wayne foi o primeiro escalado para o papel do Major Reisman, mas recusou por estar dirigindo o longa *Os Boinas Verdes*.

PRIMAVERA, VERÃO, OUTONO, INVERNO... E PRIMAVERA
BOM YEOREUM GAEUL GYEOUL GEURIGO BOM
COREIA DO SUL 2003

Direção: Kim-Ki Duk

Elenco: Oh Yeong-su, Kim-Ki Duk, Kim Young-Min, Jae-kyeong Seo, Yeo-jin Ha e Jong-ho Kim. Duração: 103 minutos. Distribuição: Califórnia.

Assim como as estações do ano, nossa vida é composta por ciclos que se alternam e se transformam. É disso que trata esse belo e sensível estudo do cineasta sul coreano Kim-Ki Duk. *Primavera, Verão, Outono, Inverno... e Primavera* mostra tudo isso na relação que se estabelece entre um mestre e seu discípulo. A metáfora das mudanças climáticas provocadas pelas estações do ano é perfeita para ilustrar as diversas transformações que vivenciamos durante nossa existência. O diretor/roteirista/ator, é ele quem faz o monge-aprendiz adulto, soube trabalhar bem esses diferentes estágios e tirar proveito de situações corriqueiras, porém complexas, que enfrentamos cotidianamente. Sem se deixar levar pelas armadilhas fáceis do doutrinamento, Kim-Ki Duk conduz sua trama de maneira serena e segura e tem no pequeno elenco de atores uma de suas fortalezas. É visível o cuidado com a luz, sempre de acordo com a estação que está sendo retratada. Aliado a isso, temos um uso discreto da câmara e uma fotografia delicada. O conjunto faz deste filme um deleite para os olhos e para a alma.

SHIRLEY VALENTINE
SHIRLEY VALENTINE
INGLATERRA 1989

Direção: Lewis Gilbert

Elenco: Pauline Collins, Tom Conti, Bernard Hill, Julia McKenzie, Alison Steadman e Joanna Lumley. Duração: 108 minutos. Distribuição: Paramount.

Se você passa boa parte do tempo sozinha e conversa com as paredes, é sinal que alguma coisa não vai bem em sua vida. Shirley vive essa situação diariamente. Sua rotina é cuidar da casa, preparar as refeições para o marido (Bernard Hill) e sufocar seus sonhos. Até que sua melhor amiga a convida para acompanhá-la em uma viagem à Grécia. Baseada em uma peça de teatro, *Shirley Valentine* traz para a telona a mesma atriz que a interpretou nos palcos, Pauline Collins. Ela deixa o marido em casa e vai atrás de um de seus sonhos rebeldes de juventude. Shirley toma uma atitude que quase toda mulher um dia já pensou tomar: jogar tudo pro alto e ter uma vida nova e plena em outro lugar. Se possível, em uma ilha grega. Pauline parece ter nascido para dar vida a Shirley. Sua interpretação é, ao mesmo tempo, natural, simples, envolvente e arrebatadora. Impossível não se emocionar com suas conversas com as paredes da cozinha ou rir com seus comentários a respeito dos galanteios do grego Costas (Tom Conti). Uma comédia carregada de meiguice, romantismo, de reflexão e de sonhos. Em tempo: a peça foi montada duas vezes no Brasil, primeiro com Renata Sorrah e depois com Betty Faria.

SUPERMAN - O FILME
SUPERMAN: THE MOVIE – EUA 1978

Direção: Richard Donner

Elenco: Christopher Reeve, Gene Hackman, Margot Kidder, Ned Beatty, Jackie Cooper, Maria Schell, Glenn Ford, Susannah York e Marlon Brando. Duração: 143 minutos. Distribuição: Warner.

A origem do único sobrevivente de Kripton é uma das mais conhecidas histórias do Século XX. Kal-El, filho de Jor-El, nasceu em um planeta de sol vermelho e pouco antes da explosão de seu mundo, é enviado por seu pai cientista em um foguete que chega ao nosso planeta de sol amarelo. A diferença na cor dos sóis transforma nosso herói no Homem de Aço. Numa época em que as adaptações de personagens de quadrinhos não eram comuns, este filme do *Super-Homem* foi tratado como uma empreitada séria. Os produtores Alexander e Ilya Salkind investiram pesado no projeto e contrataram os melhores profissionais da indústria para realizar *Superman - O Filme*. O roteiro, inspirado na história original da dupla de criadores do herói Jerry Siegel e Joe Shuster, foi escrito por Mario Puzo, autor de *O Poderoso Chefão*, em conjunto com outros cinco roteiristas. A direção ficou com Richard Donner, que vinha do sucesso de *A Profecia*. O elenco era composto por grandes nomes da era de ouro de cinema americano, tendo como destaque Marlon Brando, no papel de Jor-El. Para interpretar o herói de Metrópolis contrataram um jovem ator, então desconhecido, e que se revelaria a escolha certa para o papel, Christopher Reeve. As peças de divulgação do filme se apoiaram em uma frase de efeito muito forte: "você vai acreditar que o homem pode voar". E nós acreditamos! Até aquele momento ninguém tinha voado tão magnificamente no cinema. *Superman - O Filme* consegue resgatar a criança que carregamos dentro de nós. Aquela criança que um dia amarrou uma toalha ou um lençol no pescoço e voou alto usando as asas da imaginação. O filme de Donner é luminoso como a personagem que retrata e essa talvez seja uma de suas maiores qualidades.

TAPETE VERMELHO
BRASIL 2006

Direção: Luiz Alberto Pereira

Elenco: Matheus Nachtergaele, Vinícius Miranda, Gorete Milagres, Rosi Campos, Ailton Graça, Paulo Betti, Cássia Kiss, Jackson Antunes e Cacá Rosset. **Duração:** 102 minutos. **Distribuição:** Europa.

Antes de falar sobre o filme *Tapete Vermelho*, convém dizer que se trata de uma bela homenagem a Mazzaropi, um dos mais populares artistas do cinema brasileiro. No período entre as décadas de 1950 e 1970, Amâncio Mazzaropi produziu e protagonizou dezenas de filmes que estabeleceram um diálogo direto com o público. Detentor de grandes bilheterias, ele fazia um cinema popular, carregado de humor, muitas vezes ingênuo, porém, também com uma pitada de malícia. Em *Tapete Vermelho*, filme de Luiz Alberto Pereira, acompanhamos a saga de Quinzinho (Matheus Nachtergaele) que prometeu levar seu filho, Neco (Vinícius Miranda), até o cinema da cidade para assistir a um filme do Mazzaropi. Eles moram em um sitiozinho no interior de São Paulo. Junto com sua esposa Zulmira (Gorete Milagres) e Policarpo, o burro da família, os quatro iniciam uma viagem em busca de uma sala que esteja exibindo um filme do Mazzaropi. *Tapete Vermelho* revela-se uma sensível celebração, antes de tudo, ao homem simples do campo. Em um segundo plano, mostra a maneira cruel como nossa cultura é tratada. Com Matheus Nachtergaele em interpretação irretocável, *Tapete Vermelho* diverte, emociona e nos faz refletir. E isso não é pouco.

THE COMMITMENTS - LOUCOS PELA FAMA
THE COMMITMENTS
INGLATERRA 1991

Direção: Alan Parker

Elenco: Robert Arkins, Colm Meaney, Michael Aherne, Angeline Ball, Maria Doyle Kennedy, Dave Finnegan, Johnny Murphy, Andrew Strong, Bronagh Gallagher, Felim Gormley e Glen Hansard. Duração: 118 minutos. Distribuição: Fox.

"Os irlandeses são os negros da Europa. E os dublinenses são os negros da Irlanda. E os dublinenses do norte são os negros de Dublin. Então diga uma vez e diga alto: Eu sou negro e tenho orgulho disso". Essa frase é dita pela personagem Jimmy Rabbitte, vivida pelo ator Robert Arkins, no filme *The Commitments*. Ele mora na região norte de Dublin, capital de Irlanda e quer montar uma banda de *soul*. Jimmy não é cantor nem compositor. Ele sonha empresariar uma banda de sucesso. Para tanto, convida alguns amigos e coloca um anúncio recrutando interessados. O filme é baseado em um livro escrito por Roddy Doyle. Quando o projeto foi anunciado, criou-se uma expectativa negativa na Irlanda. Como é que uma típica história irlandesa, produzida com grana americana e dirigida por um inglês poderia funcionar? Alan Parker, o diretor, soube captar muito bem o clima do livro e de Dublin e realizou um filme cativante que pode ser resumido em uma palavra: sincero. *The Commitments - Loucos Pela Fama* exala sinceridade por todos os fotogramas. Ao optar por um elenco composto por jovens e inexperientes atores locais, Parker deu ao filme um senso de urgência e honestidade impressionantes. E ao intercalar situações engraçadas com momentos mais tensos e dramáticos, imprimiu o ritmo certo para a condução da trama. Tudo isso tendo como fundo uma trilha sonora da melhor qualidade. *The Commitments* é o tipo de filme com o qual criamos uma forte ligação afetiva. É daqueles que sempre queremos rever para encontrarmos de novo velhos e queridos amigos.

Direção: Billy Wilder

Elenco: Jack Lemmon, Shirley MacLaine, Fred MacMurray, Ray Walston, Jack Kruschen, David Lewis, Hope Holiday, Joan Shawlee, Naomi Stevens e Johnny Seven. Duração: 125 minutos. Distribuição: Fox.

A versatilidade de Billy Wilder é de fácil comprovação. Basta conferir sua extensa filmografia. Como roteirista e diretor, Wilder é um exímio contador de histórias. Sua especialidade é o humor, mas esse humor vem sempre acompanhado de uma forte carga dramática ou, como em alguns casos, de muita ironia e sarcasmo. A comédia *Se Meu Apartamento Falasse* é um bom exemplo do "padrão Wilder" de fazer rir. Na história, Bud Baxter (Jack Lemmon) quer agradar seus patrões e como mora sozinho, decide emprestar seu apartamento para seus chefes usarem como local para encontro com suas amantes. Tudo corre bem, até que ele se apaixona por Fran (Shirley MacLaine), amante de um deles. O roteiro, escrito por Wilder em parceria I.A.L. Diamond, seu colaborador mais constante, explora sutilmente a solidão, mecanização e impessoalidade da vida e do ambiente de trabalho. O filme é engraçado, mas também nos faz refletir sobre nossas escolhas. Os conflitos vividos por Bud Baxter, interpretado de maneira soberba por Jack Lemmon, estão no centro da visão de mundo de Wilder. Um diretor que sempre tem o que dizer e sabe muito bem como fazê-lo. *Se Meu Apartamento Falasse* foi o grande vencedor do Oscar de 1961, quando ganhou os prêmios de melhor filme, diretor, roteiro original, direção de arte e edição.

ENCONTRANDO FORRESTER
FINDING FORRESTER
EUA 2000

Direção: Gus Van Sant

Elenco: Sean Connery, Rob Brown, F. Murray Abraham, Anna Paquin, Busta Rhymes, April Grace, Michael Pitt e Michael Nouri. Duração: 136 minutos. Distribuição: Sony.

Segunda incursão do diretor Gus Van Sant ao universo, digamos assim "acadêmico", *Encontrando Forrester* foi bastante criticado por ser parecido com *Gênio Indomável*. Realmente, existem semelhanças, porém, a "pegada" é um pouco diferente. Desta vez acompanhamos a história de Jamal (Rob Brown), um jovem de excelente memória e grande conhecimento literário que sonha ser escritor. No entanto, suas chances se mostram limitadas por sua condição social e pela cor de sua pele. Certo dia, Jamal conhece Forrester, um recluso escritor, tipo J.D. Salinger, autor de um livro só que percebe seu talento e passa a ajudá-lo revisando seus textos e conseguindo uma bolsa de estudos para ele. Van Sant não quer reinventar a roda. *Encontrando Forrester* se propõe a contar uma história improvável de amizade entre duas pessoas. Nada além disso. Claro que embutido no pacote encontramos algumas questões que são discutidas, tais como: preconceito racial, diferenças sociais, lealdade e ética. No entanto, o diretor consegue passar longe de qualquer caráter doutrinário e apresenta um filme com personagens bem construídas e bem defendidas por seus atores, com destaque especial para Sean Connery que compõe um Forrester cheio de carisma neste que foi seu penúltimo trabalho no cinema, antes de sua aposentadoria.

Direção: Barry Levinson

Elenco: Nicolas Rowe, Alan Cox, Sophie Ward, Anthony Higgins, Susan Fleetwood, Freddie Jones, Nigel Stock, Roger Ashton-Griffiths, Earl Rhodes, Brian Oulton e Patrick Newell. Duração: 108 minutos. Distribuição: Paramount.

Sherlock Holmes, criação maior de Arthur Conan Doyle, é o único detetive da ficção que virou adjetivo. Seu intelecto superior e incrível habilidade de dedução fizeram dele uma das personagens mais queridas da literatura policial. Porém, em todos os livros, peças de teatro, filmes, séries de TV e quadrinhos em que aparece o famoso detetive da Rua Baker, número 221-B, ele é um adulto. Isso aguçou a curiosidade do roteirista Chris Columbus, que escreveu esta aventura com um jovem Sherlock Holmes. Em *O Enigma da Pirâmide* acompanhamos o encontro dos adolescentes Holmes (Nicolas Rowe) e Watson (Alan Cox) e conhecemos Elizabeth (Sophie Ward), seu primeiro grande amor. Os rapazes estudam na mesma escola e a moça é sobrinha de um dos professores. Os três passam a investigar uma série misteriosa de mortes que estão ocorrendo em Londres. O filme utiliza toda a mitologia que envolve a personagem e é engraçado e interessante ver como surgiram alguns dos ícones clássicos do detetive. Com produção de Steven Spielberg e direção de Barry Levinson, *O Enigma da Pirâmide* é fiel ao material original e nunca desrespeita sua fonte de inspiração. Foi também um dos primeiros filmes a utilizar a tecnologia de CGI, sigla em inglês para "Imagem Gerada por Computador". Preste atenção nos créditos finais. Depois deles é feita uma revelação muito importante.

PROCURANDO NEMO
FINDING NEMO
EUA 2003

Direção: Andrew Stanton e Lee Unkrich

Animação. Duração: 100 minutos. Distribuição: Buena Vista.

Indicar um filme da Pixar é a coisa mais fácil do mundo. Eles têm um zelo tão grande com a qualidade do roteiro e um apuro técnico primoroso com a produção, que não tem erro. Qualquer filme do estúdio da luminariazinha saltitante é no mínimo ótimo. *Procurando Nemo* é a obra-prima que eles realizaram em 2003. Depois de contar histórias com brinquedos, insetos e monstros, a ação agora acontece no fundo do mar. Marlin é um peixe-palhaço viúvo que superprotege Nemo, seu único filho. Eles vivem próximo à Grande Barreira de Corais, na Austrália. Uma série de acontecimentos faz com que pai e filho se separem. Marlin viaja até Sydney para resgatá-lo. No percurso, ele recebe a ajuda de tubarões, tartarugas, pelicanos e, principalmente, de Dory, uma desmemoriada *blue tang* sempre disposta a ajudar e que sabe falar "baleies". *Procurando Nemo* é um filme que funciona em diversos níveis. Uma criança vai se encantar com as cores, os movimentos e as personagens. Um adolescente vai curtir o ritmo e as referências a outros filmes e elementos da cultura pop. Um adulto perceberá as sutilezas que envolvem o relacionamento de pais e filhos. E todos irão se divertir, se encantar e se emocionar com essa incrível animação. Como diria Dory: continue a nadar, continue a nadar...

QUERO SER GRANDE
BIG — EUA 1988

Direção: Penny Marshall

Elenco: Tom Hanks, Elizabeth Perkins, Robert Loggia, John Heard, Jared Rushton, David Moscow, Jon Lovitz, Mercedes Ruehl, Josh Clark e Kimberlee M. Davis. Duração: 104 minutos. Distribuição: Fox.

Há momentos em nossa vida que ser dois centímetros mais baixo ou um ano mais jovem faz toda a diferença. Na comédia *Quero Ser Grande* acompanhamos o drama de Josh Baskin, um garoto de 12 anos, que não consegue entrar em um brinquedo do parque de diversões porque é está abaixo da altura mínima e, pior, leva um fora de uma garota por ser "novo" demais. Frustrado com sua situação, Josh se depara com uma máquina misteriosa que promete realizar desejos. Ele faz um único e simples pedido: que ser grande! No dia seguinte o garoto acorda dentro do corpo de Tom Hanks. Com roteiro por Gary Ross, em parceria com Anne Spielberg (irmã de Steven), *Quero Ser Grande* brinca com a fantasia de quase todas as crianças: a de crescer rápido. Muito da graça do filme se deve ao trabalho de Tom Hanks, que consegue nos fazer acreditar que ele é um "adulto" de apenas 12 anos. E tem aquela sequência mágica de Josh e seu patrão, o sr. MacMillan (Robert Loggia), tocando um teclado gigante de piano com os pés. *Quero Ser Grande* recebeu duas indicações ao Oscar de 1989: melhor ator (para Hanks) e melhor roteiro original.

UM LUGAR AO SOL
A PLACE IN THE SUN
EUA 1951

Direção: George Stevens

Elenco: Montgomery Clift, Elizabeth Taylor, Shelley Winters, Anne Revere, Keefe Brasselle, Fred Clark, Raymond Burr e Herbert Heyes. Duração: 122 minutos. Distribuição: Paramount.

Um Lugar ao Sol é uma adaptação do livro *Uma Tragédia Americana*, escrito por Theodore Dreiser. Conta a história George Eastman (Montgomery Clift), um jovem pobre e ambicioso que sonha conseguir uma boa colocação no trabalho e uma posição de destaque na sociedade. Ele se envolve com Alice Tripp (Shelley Winters), uma colega de trabalho, até conhecer a rica, linda e sofisticada Angela Vickers (Elizabeth Taylor). A presença de Alice e o segredo que ele carrega ameaçam o futuro promissor que George vislumbra junto com Angela. *Um Lugar ao Sol* foi dirigido por George Stevens, realizador de grandes sucessos em Hollywood, principalmente ao longo dos anos 1950. Neste trabalho, o que se destaca é a química perfeita entre Montgomery Clift e Elizabeth Taylor, aqui no auge de sua beleza. Stevens utiliza muito bem a dinâmica que o casal de atores tem em cena a favor da história. Sua narrativa clássica é envolvente e seu bom gosto na escolha dos planos fazem de *Um Lugar ao Sol* um drama marcante, influente e imperdível.

A DONA DA HISTÓRIA
BRASIL 2004

Direção: Daniel Filho

Elenco: Marieta Severo, Antônio Fagundes, Débora Falabella, Rodrigo Santoro, Giulia Gam, Renata Sorrah, Fernanda Lima e Daniel de Oliveira. Duração: 90 minutos. Distribuição: Buena Vista.

Baseado na peça teatral de João Falcão, *A Dona da História* foi adaptada para cinema com roteiro do próprio autor, em parceria com o diretor Daniel Filho e João Emanuel Carneiro. A trama pode ser colocada na categoria "e se...". Carolina (Marieta Severo) está passando por um momento de crises: no seu casamento com Luiz Cláudio (Antônio Fagundes), com a casa vazia sem os filhos e com sua própria idade. Ela começa a questionar as opções que tomou quando era jovem e passa a discutir isso tudo com ela mesma aos 18 anos (Débora Falabella). Ela tem a chance de reavaliar sua vida e rever sua própria história. São questões que, mais cedo ou mais tarde, todos nós enfrentamos em nossas vidas. O recurso da trama de confrontar a mesma personagem em duas idades diferentes é a grande sacada da história. Apesar de sua origem teatral, o filme tem uma dinâmica verdadeiramente cinematográfica. Daniel Filho soube manter a essência da peça e criar situações adicionais que deram mais movimento à transposição para cinema. Os dois casais principais de atores que interpretam Carolina e Luiz Cláudio aos 18 e aos 55 anos estão perfeitos em cena. *A Dona da História* é uma trama leve, divertida, bem contada e que apresenta alguns pontos de reflexão. Em tempo: no teatro, Carolina foi vivida também por Marieta Severo e sua versão mais jovem pela atriz Andréa Beltrão.

MATRIX
THE MATRIX
EUA 1999

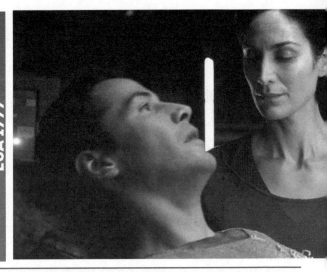

Direção: Andy e Larry Wachowski

Elenco: Keanu Reeves, Laurence Fishburne, Carrie-Anne Moss, Hugo Weaving, Joe Pantoliano e Gloria Foster, Matt Doran e Belinda McClory. Duração: 136 minutos. Distribuição: Warner.

Primeiro misture Platão (O Mito da Caverna) com Lewis Carroll (Alice no País das Maravilhas), Aldous Huxley (Admirável Mundo Novo) e Jean Baudrillard (Simulacros e Simulação). Depois acrescente algumas pitadas de cultura pop, religião, filosofia oriental e artes marciais, principalmente, kung fu. Para completar, use roupas pretas feitas sob medida e um pouco de couro. Afinal, estilo é tudo. E, cá entre nós, não basta ser *cool*, tem que ser *fashion* também. Pronto. Bem-vindo à matriz. Escrito e dirigido pelos irmãos Andy e Larry Wachowski em 1999, o filme *Matrix* provou que mesmo uma mistura tão improvável como a descrita acima pode funcionar, e bem. *Matrix* se transformou no filme mais influente da virada dos séculos XX para o XXI. Não só por seu roteiro, mas também por conta de suas inovações tecnológicas, em especial, o efeito *bullet time*, aquele em que vemos a trajetória das balas em 360 graus. Na trama, nosso mundo não é o que nós vemos, isso é apenas uma ilusão. Na realidade, segundo o filme, vivemos em um mundo virtual dominado por máquinas. Bem, tem gente que tem certeza que já vivemos em um mundo assim. Vamos deixar esses debates de lado. O que importa aqui é o filme e como esse filme é legal de ver. Infelizmente, não dá prá dizer o mesmo das duas continuações, infinitamente inferiores. Este primeiro foi realizado como pouco dinheiro e muita liberdade criativa, por isso ficou tão bom. Com os outros dois foi o contrário, muito dinheiro e muita pressão dos produtores, deu no que deu. De qualquer maneira, como na época em que o original foi feito não havia a expectativa de uma sequência, ele se resolve muito bem como uma obra fechada. E é assim que eu o vejo... único! Como diria Neo, personagem de Keanu Reeves: wow!

FIM DE CASO
THE END OF THE AFFAIR
INGLATERRA 1999

Direção: Neil Jordan

Elenco: Ralph Fiennes, Julianne Moore, Stephen Rea, Ian Hart, Jason Isaacs, Sam Bould, James Bolan e Deborah Findlay. Duração: 109 minutos. Distribuição: Sony.

Esta é a segunda versão para o cinema do romance autobiográfico de Graham Greene *Fim de Caso*, lançado em 1951. A primeira, foi dirigida em 1955 por Edward Dmytryk e recebeu no Brasil o título de *Por Amor do Meu Amor*. Esta nova versão, de 1999, foi escrita e dirigida pelo irlandês Neil Jordan. Estamos em Londres, no ano de 1939, em plena guerra. Sarah (Julianne Moore) é casada com Henry (Stephen Rea). Ela o ama, porém, não existe intimidade alguma entre eles. Certo dia, ela conhece Maurice (Ralph Fiennes). E a atração entre os dois é forte e imediata. Pouco depois de um dos muitos ataques a Londres, Sarah termina o relacionamento sem maiores explicações. Dois anos depois, Maurice continua obcecado por ela e sem entender a razão do rompimento. Com segurança, Jordan conduz seu drama romântico sem pieguices ou sentimentalismos. Os três atores principais que formam o triângulo amoroso da história atuam de maneira soberba. Em especial, Julianne Moore, uma verdadeira força da natureza em cena. Sua presença, sempre magnética, não nos deixa desviar os olhos dela um segundo sequer. Preste atenção na sequência em que ela desce a escada vestida de vermelho. *Fim de Caso* trata de um romance adulto feito para adultos. Vem carregado de culpa, de revolta, de sentimento de posse, de dor. Emoções nem sempre nobres, porém, extremamente humanas.

SILVERADO
SILVERADO — EUA 1985

Direção: Lawrence Kasdan

Elenco: Kevin Kline, Scott Glenn, Danny Glover, Kevin Costner, Brian Dennehy, Jeff Goldblum, John Cleese, Linda Hunt e Rosanna Arquette. Duração: 132 minutos. Distribuição: Sony.

O diretor e roteirista Lawrence Kasdan chamou a atenção nos primeiros anos da década de 1980, quando escreveu os roteiros de *O Império Contra-Ataca* e *Os Caçadores da Arca Perdida*. Como diretor, se tinha como objetivo revisitar e atualizar gêneros clássicos de Hollywood. Fez isso em seu filme de estreia, *Corpos Ardentes*, um *film noir* moderno, e em *O Reencontro*, um drama intimista. Em seu terceiro trabalho como diretor ele faz uma homenagem ao mais americano dos gêneros cinematográficos, o faroeste. Em *Silverado*, todos os elementos clássicos do *western* se fazem presentes. Na história, quatro cavaleiros se conhecem e se juntam de maneira involuntária e chegam à cidade de Silverado, onde enfrentam um xerife corrupto e um ladrão de terras que controlam com mão de ferro o lugar. Kasdan tem um olhar carinhoso para com o velho oeste. Seu filme tem humor, duelos ao por-do-sol, vilões cruéis e sanguinários e heróis rápidos no gatilho. Uma diversão garantida para quem gosta de uma boa aventura. Uma curiosidade: Kasdan teve que cortar a participação da personagem de Kevin Costner em *O Reencontro* e, para compensar, deu um papel de destaque a ele neste filme.

ACONTECEU NAQUELA NOITE
IT HAPPENED ONE NIGHT
EUA 1934

Direção: Frank Capra

Elenco: Clark Gable, Claudette Colbert, Walter Connolly, Roscoe Karns, Jameson Thomas, Alan Hale, Arthur Hoyt e Charles C. Wilson. **Duração:** 105 minutos. **Distribuição:** Sony.

Essa história, com certeza, você já viu antes. Filha mimada de pai milionário foge de casa e viaja para Nova York. No caminho, conhece um homem que a ajuda. Porém, ele é na verdade um jornalista que se aproveita da situação para escrever uma matéria. A diferença, é que ela foi contada pela primeira vez nesta comédia romântica, *Aconteceu Naquela Noite*, dirigida em 1934, por Frank Capra. No filme, ao longo de quatro dias e quatro noites, Peter Warne (Clark Gable) e Ellie Andrews (Claudette Colbert) viverão uma relação tumultuada cheia de brigas, discussões, rivalidade e paixão, que nascerá forte entre eles, mesmo sem eles perceberem num primeiro momento. E é justamente isso que torna o filme tão especial. Ele foge dos lugares comuns, ele discute uma série de questões envolvendo diferenças entre os sexos e as classes sociais, entre pobreza e riqueza. E tudo funciona a favor do roteiro e da boa condução da trama, que encontra aqui um diretor criativo e sem medo. Claro que a química perfeita entre o casal de atores Clark Gable e Claudette Colbert, juntos também na vida real, ajuda. Mas, o que se destaca mesmo é o conjunto. O filme, passado tantas décadas de sua realização, mantém ainda um frescor invejável. Preste atenção nas sequências em que os dois, à beira da estrada, pedem carona e na que têm que dividir um quarto. Uma curiosidade: *Aconteceu Naquela Noite* foi o primeiro a ganhar os cinco Oscar nobres: filme, diretor, ator, atriz e roteiro. Em toda a história da Academia, apenas três filmes conseguiram este feito. Não perca tempo. Se você ainda não o viu, veja agora. Se já o tiver visto, veja de novo. É um daqueles filmes que são tão bons que não cansam nunca.

EXTERMÍNIO
28 DYAS LATER
INGLATERRA 2002

Direção: Danny Boyle

Elenco: Cillian Murphy, Naomie Harris, Brendan Gleeson, Megan Burns, Christopher Eccleston, Marvin Campbell, Sanjay Rambaruth, Ray Panthaki, Junior Laniyan, Leo Bill, Ricci Harnett e Stuart McQuarrie. Duração: 113 minutos. Distribuição: Fox.

Justo quando você pensava que não seria mais possível inovar no gênero "filme de zumbi", Danny Boyle nos presenteia com *Extermínio*. Realizado em 2002 com baixo orçamento e utilizando equipamento digital para captura de imagens, o filme começa 28 dias depois (daí o título original) do primeiro caso registrado de contágio de um vírus extremamente forte, chamado "rage" (raiva, em inglês). Os infectados se transformam em pessoas insanas. Jim (Cillian Murphy) acorda de um coma em um hospital abandonado. Ele não foi infectado, está sozinho e passeia por uma Londres completamente deserta, em uma das sequências mais impressionantes do filme. Os "zumbis" de Boyle são diferentes, por exemplo, dos de George Romero ou os da série *Walking Dead*. Aqui eles bem são ágeis e correm bastante. Com ironia, o diretor desenvolve sua trama "brincando" com alguns estereótipos e não caindo em lugares-comuns do gênero. Ele sabe que "sugerir" é melhor e mais forte do que ser explícito. Como curiosidade, o DVD traz um final alternativo. O filme teve uma continuação produzida por Boyle, *Extermínio 2*, ou "28 semanas depois", no original, e tem mais uma sequência programada, que se chamará, em inglês, "28 meses depois".

Direção: Chan-wook Park

Elenco: Min-sik Choi, Ji-tae Yu, Hye-jeong Kang, Dae-han Ji, Dal-su Oh, Byeong-ok Kim, Seung-Shin Lee, Jin-seo Yun, Dae-yeon Lee e Kwang-rok Oh. Duração: 120 minutos. Distribuição: Europa.

Dae-su Oh (Min-sik Choi) toma um porre e é preso. Ao sair da cadeia ele telefona para casa. É aniversário de sua filhinha. Na cena seguinte ele acorda em um quarto onde há apenas uma televisão. Sem saber por que e nem por quem, ele fica trancado e isolado durante 15 anos. Ao sair, ele só pensa em uma coisa: vingança. Este é um breve resumo da história de *Oldboy*, filme dirigido pelo sul-coreano Chan-wook Park, é vagamente inspirado em uma *Manhwa* (história-em-quadrinhos) de mesmo nome, escrita por Nobuaki Minegishi. Park concebeu uma "trilogia da vingança" com tramas independentes. *Oldboy* é a história do meio. Os outros dois são *Mr. Vingança* e *Lady Vingança*. O único elo que Dae-su Oh tinha com o mundo exterior era através da televisão. Isso é depois demonstrado na aplicação de seus conhecimentos e no jeito de lutar. *Oldboy* é violento, mas, não se trata de uma violência gratuita. Ela tem uma razão de ser e está perfeitamente contextualizada. Com vigor e originalidade, o diretor conduz sua história com firmeza e sem concessões até um final surpreendente (mesmo), que poderá chocar muita gente. *Oldboy* foi o grande vencedor do Festival de Cannes de 2004, quando ganhou a Palma de Ouro e o Grande Prêmio do Júri.

MENINA DE OURO
MILLION DOLLAR BABY
EUA 2004

Direção: Clint Eastwood

Elenco: Hilary Swank, Clint Eastwood, Morgan Freeman, Anthony Mackie, Brian O'Byrne, Jay Baruchel e Margo Martindale. **Duração:** 132 minutos. **Distribuição:** Europa.

Conheço muita gente que ainda não viu *Menina de Ouro* porque acha que é um filme de boxe. O filme é sobre uma lutadora de boxe, tem muita luta de boxe e se passa basicamente em dois cenários: uma academia de boxe e um ringue de boxe. Mas não se deixe enganar pelas aparências. *Menina de Ouro* não é um filme de ou sobre boxe. A essência desta obra-prima produzida, dirigida e estrelada por Clint Eastwood é aquela segunda chance que todo ser humano procura e merece ter. Maggie Fitzgerald (Hilary Swank) já passou dos 30, sempre foi uma lutadora e sonha se tornar boxeadora profissional. Ela procura Frankie Dunn (Eastwood), um treinador que vive sozinho e amargurado por ter perdido o contato com a única filha. A união dos dois se revela duplamente benéfica. A história é contada por Scrap (Morgan Freeman), melhor amigo de Frankie e uma espécie de faz-tudo da academia. *Menina de Ouro* é denso e impactante. Eastwood não costuma brincar em serviço. Seus filmes possuem uma consistência e uma coerência raros no cinema americano ou em qualquer outro cinema feito no mundo. Ele sempre filma com elegância e economia. Nada parece estar fora do lugar ou colocado de maneira excessiva. Outra importante característica de sua filmografia é o trabalho dos atores, todos bem escolhidos e com desempenhos memoráveis. Não por acaso, Hilary Swank e Morgan Freeman ganharam o Oscar de melhor atriz e melhor ator coadjuvante por este filme, bem como Clint Eastwood, que ganhou dois: filme e direção. *Menina de Ouro* consegue ser ao mesmo tempo triste e alegre, agressivo e sensível, pessimista e esperançoso. Estados de espírito e sentimentos antagônicos, mas que convivem harmoniosamente. Talvez a personagem do aluno magricela, Danger, vivido por Jay Baruchel, seja a melhor síntese deste belo e tocante filme de mestre Eastwood.

QUE ESPERE O CÉU
HERE COMES MR. JORDAN
EUA 1941

Direção: Alexander Hall

Elenco: Robert Montgomery, Evelyn Keyes, Claude Rains, Rita Johnson, Edward Everett Horton, James Gleason, John Emery e Donald MacBride. **Duração:** 94 minutos. **Distribuição:** Sony.

Baseada na peça de teatro *Heaven Can Wait* (O Céu Pode Esperar), escrita por Harry Segall, a comédia *Que Espere o Céu*, dirigida em 1941 por Alexander Hall, conta a fantástica história de Joe Pendleton (Robert Montgomery), um lutador de boxe que é dado como morto antes do tempo e por isso, precisa retornar à Terra e ocupar um outro corpo para continuar sua vida. Para isso, conta com a ajuda do administrador celeste, o senhor Jordan (Claude Rains). Apesar de ter a morte como uma constante na trama, um tema muitas vezes pesado, trata-se de uma história leve, espirituosa e romântica que mostra como alguns "acidentes" de percurso podem bagunçar nossas vidas. Pelo menos, temos aqui um Sr. Jordan para colocar tudo nos trilhos novamente. Preste atenção na ponta não creditada do ator Lloyd Bridges, pai de Jeff Bridges, no papel de um piloto celestial. Uma curiosidade: esta mesma história teve uma refilmagem que recebeu o título original da peça e foi estrelada e dirigida por Warren Beatty, em 1978.

RAZÃO E SENSIBILIDADE
SENSE AND SENSIBILITY
INGLATERRA 1995

Direção: Ang Lee

Elenco: Emma Thompson, Kate Winslet, Hugh Grant, Tom Wilkinson, Gemma Jones, Emilie François, Robert Hardy, James Fleet, Harriet Walker, Imelda Staunton e Alan Rickman. Duração: 135 minutos. Distribuição: Sony.

Baseado no livro homônimo de Jane Austen e adaptado pela atriz Emma Thompson, *Razão e Sensibilidade* é um exemplo de globalização. Foi produzido com dinheiro americano, dirigido por um taiuanês e com elenco inglês. O filme conta a história das irmãs, Elinor (Emma Thompson) e Marianne (Kate Winslet), que enfrentam dificuldades financeiras e procuram por um amor verdadeiro em uma sociedade que só pensa em dinheiro e posição social. As duas têm personalidades bem diferentes: Elinor é racional e Marianne é sensível. Uma questão envolvendo a herança deixada pelo pai de ambas faz com que elas se mudem para o campo para morar com uma prima. O diretor Ang Lee, que disse na época do lançamento que nunca havia lido Jane Austen, se revela bem à vontade com o universo da autora. Emma Thompson, que levou quase cinco anos trabalhando no roteiro, demonstra domínio completo sobre o material original. Quanto ao elenco, não há o que se dizer de desabonador. Todos, sem exceção, estão perfeitos em cena. Como tudo gira em torno das duas irmãs, Emma e Kate brilham mais. E como brilham. A interação entre as atrizes é primorosa e reforça ainda mais as muitas qualidades deste filme dramático, engraçado e romântico.

Direção: David Cronenberg

Elenco: Jeff Goldblum, Geena Davis, John Getz, Joy Boushel, Leslie Carlson, George Chuvalo, Michael Copeman, David Cronenberg, Carol Lazare e Shawn Hewitt. Duração: 96 minutos. Distribuição: Fox.

Não foi por falta de aviso. O cartaz do filme já anunciava: "Tenha medo. Tenho muito medo". Quando foi revelado que o cineasta canadense David Cronenberg iria dirigir a refilmagem de *A Mosca da Cabeça Branca*, de 1958, havia uma certeza de que ele era o diretor certo para aquela façanha. Obcecado pelo corpo humano e suas transformações, *A Mosca* era um projeto perfeito para ele. Seth (Jeff Goldblum) é um metódico cientista que faz experiências com teletransporte. Veronica (Geena Davis) vive uma repórter que acompanha as pesquisas. Durante um teste, o DNA de Seth se mistura com o de um outro ser vivo que se fazia presente dentro da máquina, uma mosca. Cronenberg narra de maneira originalíssima a ascenção e queda de um homem. Em um primeiro momento, após a fusão dos DNAs, Seth se sente um homem mais forte e eufórico, porém, tempos depois, o lado inseto começa a sobressair. A narrativa do diretor permite diferentes interpretações. Uma das possíveis análises trata de uma analogia ao vírus da AIDS. Cronenberg é um diretor econômico e objetivo. Ele não costuma perder tempo com sequências desnecessárias. Tudo que ele coloca em cena tem uma razão de ser. Há momentos nojentos, é verdade, mas nada de contexto ou que desvie a atenção da trama, muito pelo contrário. Preste atenção no trabalho de maquiagem desenvolvido por Chris Walas e na ponta de Cronenberg no papel do ginecologista.

CIDADE DE DEUS
BRASIL 2003

Direção: Fernando Meirelles

Elenco: Alexandre Rodrigues, Daniel Zettel, Douglas Silva, Jonathan Haagensen, Leandro Firmino, Phelipe Haagensen, Roberta Rodrigues e Matheus Nachtergaele. Duração: 130 minutos. Distribuição: Imagem.

Muito já foi dito e escrito sobre este filme. Não vou chover no molhado. Apenas, uma breve recapitulação. Baseado no livro escrito por Paulo Lins e com roteiro de Bráulio Mantovani, *Cidade de Deus* foi um divisor de águas no cinema brasileiro da retomada. Fernando Meirelles, egresso da televisão e da publicidade, havia dirigido, até aquele momento, dois bons longas, *Menino Maluquinho 2* e *Domésticas*. Aqui ele revela uma maturidade técnica e narrativa impressionantes. O filme começa na segunda metade dos anos 1960, pouco depois do desmembramento de uma região de Jacarepaguá, onde foi construído um conjunto habitacional que recebeu o nome de Cidade de Deus. Meirelles utilizou moradores da favela, que receberam um treinamento especial conduzido por Fátima Toledo. Ele não queria rostos conhecidos do grande público. A única exceção foi Matheus Nachtergaele. A história se estende por cerca de 15 anos, até o início dos anos 1980. Com uma construção não-linear, acompanhamos sem nunca perder o foco, a trajetória de diversas personagens, em especial, a do jovem Buscapé (Alexandre Rodrigues) e também, claro, a de Dadinho/Zé Pequeno (Douglas Silva/ Leandro Firmino). Fora do Brasil, a repercussão foi fenomenal, o que fez com que o filme fosse indicado a quatro Oscar em 2004: melhor direção, roteiro adaptado, fotografia e montagem. *Cidade de Deus* é, sem dúvida alguma, um dos mais importantes filmes da história do cinema brasileiro. Uma obra-prima criativa, pulsante, influente, arrebatadora, obrigatória e inesquecível.

FILHOS DA ESPERANÇA
CHILDREN OF MEN
INGLATERRA 2006

Direção: Alfonso Cuáron

Elenco: Clive Owen, Chiwetel Ejiofor, Julianne Moore, Michael Caine, Charlie Hunnam e Peter Mullan. Duração: 109 minutos. Distribuição: Universal.

Estamos em 2027. Sem que ninguém saiba a razão, as mulheres do planeta não conseguem mais engravidar. O último ser humano que nasceu tem 18 anos e acabou de morrer. Neste mundo, o homem não consegue mais se reproduzir. Isso destrói seu futuro e deixa o presente sem sentido algum. As coisas se complicam mais ainda quando uma mulher finalmente aparece grávida. Cabe a Theo (Clive Owen) conduzi-la a um lugar seguro para que o bebê possa nascer. Uma missão que se revela das mais difíceis. Não é por acaso que o nome da personagem de Owen é "Deus", em grego. Dirigido pelo mexicano Alfonso Cuáron, *Filhos da Esperança* é uma adaptação do livro *Children of Men*, da escritora inglesa P.D. James. Cuáron é um diretor de forte apelo visual. Ele nos passa a sensação de que aquele mundo existe mesmo. Trata-se de uma ficção-científica sem apelos fáceis, feita para espectadores pensantes. Um filme inquietante e perturbador que nos faz avaliar melhor algumas posturas que costumamos tomar no nosso dia-a-dia, muitas vezes sem ponderação. Um filme que nos provoca e ao qual não conseguimos ficar indiferentes. E isso é muito salutar.

A BELA E A FERA [1991]
BEAUTY AND THE BEAST
EUA 1991

Direção: Gary Trousdale e Kirk Wise

Animação. Duração: 84 minutos. Distribuição: Buena Vista.

Primeira animação a ser indicada ao Oscar de melhor filme, *A Bela e a Fera* é um marco dos estúdios Disney e já nasceu clássico. Neste belo conto de fadas, acompanhamos a história de um jovem e cruel príncipe que é transformado por uma feiticeira em uma assustadora fera. Para que o feitiço seja quebrado, será preciso que alguém veja além de sua horrenda aparência e se apaixone verdadeiramente por ele, antes que a última pétala de uma rosa encantada caia. Somos apresentados então a uma sonhadora e "esquisita" jovem (ela gosta de ler livros) chamada Bela. Seu pai invade o reino da Fera e é capturado. Para salvá-lo, Bela se oferece para ficar presa em seu lugar dentro do castelo. Paralelo a isso, temos também as tentativas de aproximação de Gaston, o bonitão-fortão da aldeia que quer se casar com Bela. Apesar do clichê da frase do cartaz que diz, "a mais bela história de amor já contada", tudo em *A Bela e a Fera* é primoroso. As músicas (compostas por Alan Merken), a construção das personagens (em especial, as figuras encantadas do castelo), as cores utilizadas, o roteiro, a montagem e a direção. Com todos esses elementos funcionando em harmonia, não foi acaso que esta animação se tornou o primeiro filme da Disney a ser transformado em musical da Broadway. Preste atenção nos movimentos de câmara na sequência da dança entre Bela e a Fera. Uma curiosidade: foi lançada uma versão estendida com oito minutos adicionais.

A COPA
PHÖRDA
BUTÃO 1999

Direção: Khyentse Norbu

Elenco: Jamyang Lodro, Orgyen Tobgyal, Neten Chokling, Lorna Chonjor, Thinley Nudi e Lama Godhi. Duração: 94 minutos. Distribuição: Flashstar.

O Brasil é mundialmente conhecido como "o país do futebol". Por conta dessa fama, era de se esperar que houvesse no país uma sólida produção de filmes e documentários sobre o esporte. Curiosamente, um dos melhores filmes já feitos sobre futebol foi realizado no Butão, um pequeno e fechado reino nos Himalaias, localizado entre a China (a norte e oeste) e a Índia (a leste e sul). *A Copa*, escrito e dirigido por Khyentse Norbu foi o primeiro longa-metragem butanês, e, até onde eu sei, o único até o momento. Conta a história de Orgyen (Jamyang Lodro), um jovem monge apaixonado por futebol. Durante a Copa do Mundo de 1998, ele faz de tudo para conseguir assistir aos principais jogos. Junto com seu amigo Lodo (Neten Chokling), ele tenta driblar a severa vigilância do mestre Geko (Orgyen Tobygal). Com muito humor e sensibilidade, Norbu mistura duas "religiões" que, à primeira vista, parecem ser completamente antagônicas: o budismo e o futebol. O próprio cartaz brasileiro do filme já fazia a pergunta: Como um monge pode manter a mente nos estudos enquanto Ronaldinho joga pelo Brasil? *A Copa*, além de todas as suas qualidades, nos apresenta um país e uma cultura que pouco conhecemos. Só isso já seria suficiente para assistirmos ao filme.

A IDENTIDADE BOURNE
THE BOURNE IDENTITY
EUA 2002

Direção: Doug Liman

Elenco: Matt Damon, Franka Potente, Clive Owen, Chris Cooper, Brian Cox e Julia Stiles. **Duração:** 119 minutos. **Distribuição:** Universal.

Baseado no livro de Robert Ludlum, *A Identidade Bourne* já tinha sido adaptado para telefilme em 1988. Esta primeira versão estrelada por Richard Chamberlain, apesar de inspirada no mesmo material, é muito diferente desta nova versão dirigida por Doug Liman em 2002. Quem poderia supor que uma personagem que bebeu na fonte das histórias de James Bond seria a principal causa da grande mudança no estilo do eterno 007? Na trama, Jason Bourne é encontrado quase morto e sem memória. Quando ele se recupera, descobre que é fluente em alguns idiomas, sabe manejar armas e conhece diversas técnicas de luta, só não consegue lembrar quem é e o que faz. Uma pista o leva até Zurique e de lá para Paris. Perseguidos por assassinos, Bourne precisa sobreviver para descobrir sua verdadeira identidade. Com um roteiro ágil e cheio de boas surpresas, escrito por Tony Gilroy e William Blake Herron, coube ao diretor inovar na condução da história. Liman imprime um ritmo vertiginoso, preciso e envolvente e consegue se colocar sempre à nossa frente. Sem contar, é claro, a feliz escolha de Matt Damon, um ator econômico e eficiente, para interpretar Bourne.

Direção: Woody Allen

Elenco: Jonathan Rhys Meyers, Scarlett Johansson, Matthew Goode, Emily Mortimer, Brian Cox e Penelope Wilton. Duração: 123 minutos. Distribuição: PlayArte.

Woody Allen é um dos poucos cineastas em todo o mundo que dirige um filme por ano há 40 anos. Ele, que sempre filmou em sua querida Nova York, mudou de cidade pela primeira com este *Ponto Final - Match Point*, rodado em Londres, em 2005. Allen é um diretor culto. Dentre as muitas influências cinematográficas e literárias de sua obra, um autor russo é um de seus favoritos: Dostoievski, e em particular, seu livro *Crime e Castigo*. Ele já havia adaptado esta obra em *Crimes e Pecados*. Com *Match Point* ele volta ao mesmo tema, porém, com pequenas alterações e um elemento adicional: a sorte. No filme, Chris (Jonathan Rhys Meyers), um instrutor de tênis, conhece Chloe (Emily Mortimer), jovem de família rica, com quem inicia um namoro. A coisa se complica quando ele se apaixona por Nola (Scarlett Johansson), namorada de Tom (Matthew Goode), irmão de Chloe. Os dois se tornam amantes, até Nola engravidar. Mudar de ares fez muito bem ao cinema de Woody Allen. *Match Point* tem uma "pegada" diferente daquela que estamos acostumados. É visível o deslumbramento do diretor por Londres. A maneira como ele mostra a cidade é de pura paixão à primeira vista. O filme foi feito quando Allen estava com 70 anos. É vigoroso e carregado de um frescor de causar inveja a muitos diretores iniciantes.

A PEQUENA JERUSALÉM
LE PETITE JÉRUSALEM
FRANÇA 2005

Direção: Karin Albou

Elenco: Fanny Valette, Elsa Zylberstein, Bruno Todeschini, Hedi Tillette DeClermont Tonnerre, Aurore Clément e François Marthouret. Duração: 93 minutos. Distribuição: Europa.

Sarcelles, bairro da periferia de Paris, é conhecido como "A Pequena Jerusalém", pelo fato de muitos judeus terem imigrado para lá. Laura (Fanny Valette), uma bela judia de 18 anos, se apaixona por Djamel (Hedi Tillette DeClermont Tonnerre), um rapaz muçulmano. Um romance proibido por sua religião. Filme de estreia da diretora e roteirista Karin Albou, *A Pequena Jerusalém* penetra nesse pequeno e fechado mundo, cheio de regras e proibições. Laura estuda religião e filosofia e tem uma alma contestadora. Diferente de sua irmã Mathilde (Elsa Zylberstein), que segue à risca todos os preceitos judaicos. Ao se concentrar no drama de Laura e sua família, a cineasta traça um painel preciso da vida dos imigrantes na Europa e dos conflitos que se estabelecem por conta de suas tradições religiosas. *A Pequena Jerusalém* também se favorece do olhar feminino da diretora. É delicado, silencioso e observador. Não aposta em doutrinas e julgamentos. Seu objetivo maior é contar com sensibilidade uma história de descobertas e de amadurecimento físico e principalmente, espiritual.

BUTCH CASSIDY
BUTCH CASSIDY AND THE SUNDANCE KID
EUA 1969

Direção: George Roy Hill

Elenco: Paul Newman, Robert Redford, Katharine Ross, Cloris Leachman, George Furth, Henry Jones, Jeff Corey, Kenneth Mars e Ted Cassidy. Duração: 110 minutos. Distribuição: Fox.

Ao longo dos anos 1960 o *western* americano sofreu um declínio de público. *Butch Cassidy*, dirigido em 1969 por George Roy Hill, foi o primeiro faroeste naquela época, em um período de quase dez anos, a motivar as pessoas a irem ao cinema. O filme romantiza a história real de dois assaltantes de bancos e trens: Butch Cassidy e Sundance Kid, vividos, respectivamente, por Paul Newman e Robert Redford. Em muitos aspectos, trata-se de um filme inovador. Há humor, música e um triângulo amoroso. Elementos que não costumavam fazer parte de histórias passadas no velho oeste. Roy Hill transforma seus criminosos em anti-heróis e, sem percebermos, passamos a torcer por eles o tempo todo. Mesmo tendo consciência que eles são foras-da-lei. O que, cá entre nós, não é muito difícil, uma vez que a dupla Newman/Redford possui carisma de sobra para encantar qualquer platéia. Completa o já citado triângulo amoroso a bela Etta Place, papel de Katharine Ross, que havia trabalhado um pouco antes em *A Primeira Noite de Um Homem*. No entanto, *Butch Cassidy* não seria o mesmo sem a canção *Raindrops Keep Falling on My Head*, composta por Burt Bacharach e Hal David e cantada por B.J. Thomas. Preste atenção no momento em que ela aparece como música de fundo para a sequência da bicicleta. Um respiro quase surreal que se tornou uma cena clássica do cinema.

CONTATO
CONTACT
EUA 1997

Direção: Robert Zemeckis

Elenco: Jodie Foster, Matthew McConaughey, James Woods, John Hurt, Tom Skerritt, Angela Bassett, William Fichtner e David Morse. Duração: 150 minutos. Distribuição: Warner.

O cineasta Robert Zemeckis sempre foi um apaixonado por tecnologia. O astrônomo Carl Sagan desenvolveu desde cedo uma intensa paixão pelos astros e estrelas. E não eram os de Hollywood. *Contato*, dirigido por Zemeckis em 1997, é baseado no único romance de ficção escrito por Sagan (todos os outros livros que ele escreveu são científicos), reúne as duas grandes paixões em ambos. Na trama acompanhamos a trajetória de Ellie Arroway, interpretada pelas atrizes Jena Malone e Jodie Foster. Inicialmente, quando ela, ainda menina, gostava de observar as estrelas e planetas com o telescópio do pai e brincava com o equipamento de rádio-comunicação. Ellie cresce e a vemos ainda observando o espaço e fazendo sua rádio-escuta, só que agora com "brinquedos" maiores e mais potentes. *Contato* é um filme de ficção-científica bem realista. No sentido em que se utiliza de elementos plausíveis e próximos do nosso cotidiano para contar sua história. Porém, mais do que isso, o ponto crucial e principal mote de seu inteligente roteiro, escrito por James V. Hart e Michael Goldenberg, seja o debate que propõe a respeito da fé. A própria trajetória de Ellie é emblemática nessa discussão. E a figura de um religioso, Palmer Joss, vivido por Matthew McConaughey, apenas reforça esse embate entre ciência e religião. *Contato* é um filme que passa ao largo dos padrões esquemáticos comuns em boa parte da produção hollywoodiana. Não há vilões na trama. Mesmo a figura do cientista David Drumlin (Tom Skerritt) funciona mais como uma versão pragmática de Ellie do que como seu antagonista e/ou inimigo. E no final, Sagan nos deixa um pensamento intrigante: "Se não existe vida fora da Terra, então o universo é um grande desperdício de espaço".

JEJUM DE AMOR
HIS GIRL FRIDAY
EUA 1940

Direção: Howard Hawks

Elenco: Cary Grant, Rosalind Russell, Ralph Bellamy, Gene Lockhart, Porter Hall e Clarence Kolb. Duração: 92 minutos. Distribuição: Sony.

Baseado na peça de teatro *A Primeira Página*, escrita por Ben Hecht e Charles McArthur, essa história já teve, pelo menos, quatro adaptações para o cinema. A primeira versão foi em 1931, dirigida por Lewis Milestone com o título de *Última Hora*. Uma outra foi dirigida em 1974, por Billy Wilder, com o mesmo nome da peça. Existe também uma versão chamada *Troca de Maridos*, de 1988, com direção de Ted Kotcheff. *Jejum de Amor*, em sua essência, é a mesma história, porém, faz uma significativa mudança na trama original por incluir uma personagem feminina. Walter Burns (Cary Grant) é um diretor de jornal em confronto constante com a jornalista Hildy Johnson (Rosalind Russell). Os dois já foram casados e estão em processo de separação e o humor vem justamente desse conflito que mistura as relações profissionais, pessoais e amorosas de ambos. Hawks sempre foi um diretor sofisticado e excelente no trabalho com os atores. Em *Jejum de Amor* ele nos apresenta a dupla Grant e Russell em estado de graça. Outro ponto a destacar neste filme é o ritmo quase que alucinante que Hawks imprimiu. Com diálogos rápidos e uma montagem que segue o mesmo padrão das falas, a sensação é de estarmos em uma montanha-russa. Não podemos desviar a atenção um segundo sequer. Tem gente que diz que filmes antigos são devagar demais. Com certeza não viram *Jejum de Amor*.

E.T. - O EXTRATERRESTRE
E.T. THE EXTRA-TERRESTRIAL
EUA 1982

Direção: Steven Spielberg

Elenco: Henry Thomas, Dee Wallace, Peter Coyote, Drew Barrymore, Robert MacNaughton, C. Thomas Howell e K.C. Martel. Duração: 120 minutos. Distribuição: Universal.

O que dizer de *E.T. - O Extraterrestre* que não tenha sido dito ainda? É aquele tipo de filme quase sagrado que muita gente viu quando era criança, não importando a idade, e marcou. A comovente história de um extraterrestre que é abandonado na Terra. Sua curiosidade fez com que ele não estivesse na nave na hora que ela decolou. Ele termina se encontrando com Elliott, um garoto de dez anos e filho do meio que também se sente só e perdido. Os dois têm muita coisa em comum além da primeira e da última letra do nome. A forte amizade que nasce entre os dois é responsável pelos melhores momentos dessa trama que foi escrita por Melissa Mathison, a partir de uma ideia original de Spielberg. A princípio, o filme se chamaria *A Boy's Life* (Uma Vida de Menino). Isso foi mantido na maneira como a câmara foi posicionada durante toda a narrativa. Preste atenção como o ponto-de-vista é sempre o de um garoto. Os adultos aparecem sempre da cintura para baixo ou de baixo para cima. *E.T.* talvez seja o mais pessoal dos trabalhos dirigidos por Spielberg. Quando da comemoração dos 25 anos do filme, ele foi lançado novamente nos cinemas com cenas adicionais e algumas alterações, a principal delas trocou armas por rádio-comunicadores nas mãos dos policiais que perseguem os meninos que fogem em suas bicicletas. Uma curiosidade: junto com a sequência de *Cantando na Chuva*, na qual Gene Kelly faz jus ao título do filme, a cena de *E.T.* que ilustra este texto foi eleita, em uma enquete realizada com internautas do mundo todo, o mais mágico momento de toda a história do cinema. Para ter em casa e rever, rever, rever e rever, sempre.

Direção: Costa-Gavras

Elenco: Jessica Lange, Armin Mueller-Stahl, Frederic Forrest, Donald Moffat, Lukas Haas e Michael Rooker. Duração: 124 minutos. Distribuição: Lume.

O cineasta grego Costa-Gavras é conhecido mundialmente por seus dramas políticos. Nesta terceira obra que ele dirigiu nos Estados Unidos, a trama foge um pouco do seu padrão habitual. O roteiro escrito por Joe Eszterhas mistura nazismo com melodrama familiar e filme de tribunal. Acompanhamos a luta da advogada Anne Talbot (Jessica Lange) para defender seu pai, Mike Laszlo (Armin Mueller-Stahl), acusado de crimes de guerra. Seria ele realmente culpado das acusações? Costa-Gavras trabalha bem essa dúvida ao longo de todo o filme. As reviravoltas do roteiro às vezes atrapalham um pouco, porém, a competência de todo o elenco auxilia sobremaneira o trabalho do diretor. *Muito Mais Que Um Crime* trata de um assunto delicado e polêmico. Nas mãos de um diretor menos talentoso o filme poderia ter se transformado em um dramalhão. Costa-Gavras, habituado com temas políticos e assuntos espinhosos, soube navegar por águas turbulentas sem cair em soluções fáceis e clichês do gênero.

ENCONTROS E DESENCONTROS
LOST IN TRANSLATION
EUA 2003

Direção: Sofia Coppola

Elenco: Bill Murray, Scarlett Johansson, Giovanni Ribisi e Anna Faris. Duração: 104 minutos. Distribuição: Universal.

Optar pela carreira de diretor de cinema já revela em si uma jornada árdua pela frente. Se você carregar um sobrenome importante da sétima arte, o percurso tende a ser mais pesado ainda. Se você for mulher e, além disso, tiver trabalhado como atriz em um filme do "papai" famoso em um papel que todos massacraram, esqueça. Talvez seja melhor escolher outra profissão. Felizmente, Sofia Coppola, filha de Francis Ford, não seguiu esse conselho. Seu segundo trabalho como roteirista e diretora, *Encontros e Desencontros*, conta a história de Bob Harris (Bill Murray) e Charlotte (Scarlett Johansson), dois americanos em Tóquio. Ele é um decadente ator que está na cidade para filmar um comercial de uísque. Ela acompanha o marido, um fotógrafo que se ocupa demais com trabalho e pouco com o casamento. A solidão, o fato de estarem em uma cidade desconhecida e com um idioma completamente diferente termina por aproximar os dois, que estão no mesmo hotel. O título original, *Lost in Translation*, ou seja, "perdido na tradução", refere-se à dificuldade das personagens de serem compreendidas, mesmo quando contam com a ajuda de um tradutor. Sofia Coppola vem se revelando uma autora de cinema. Basta analisar sua obra para constatar que ela fala sobre deslocamentos. Suas personagens estão sempre deslocadas e perdidas. Ela também faz filmes de difícil rotulação. Difícil dizer qual o gênero de *Encontros e Desencontros*. O filme tem elementos de comédia, drama e romance. É tudo isso e muito mais. Com o casal central, Murray e Johansson, esbanjando química e precisão em cena, só nos resta acompanhá-los. Não se trata de um filme fácil. Ele não permite meio-termo. Sofia, com sensibilidade e sutileza, explora momentos de descobertas importantes na vida de suas personagens e nos faz perceber que a vida é repleta de situações aparentemente simples, mas que fazem toda a diferença.

O CARTEIRO E O POETA
IL POSTINO
BÉLGICA/FRANÇA/ITÁLIA 1994

Direção: Michael Radford

Elenco: Philippe Noiret, Massimo Troisi, Maria Grazia Cucinotta, Linda Moretti e Renato Scarpa. Duração: 109 minutos. Distribuição: Buena Vista.

Estamos nos anos 1950, em uma ilha remota do Mediterrâneo. O carteiro Mario (Massimo Troisi) cuida das cartas enviadas ao poeta chileno Pablo Neruda (Philippe Noiret). Mario tem pouco estudo e está apaixonado pela bela Beatrice (Maria Grazia Cucinotta). Ele pede ajuda ao ilustre poeta para aprender a escrever poemas. Sua intenção é conquistar sua amada. Baseado no romance de mesmo nome escrito por Antonio Skármeta, *O Carteiro e o Poeta* é um filme ímpar. Com direção de Michael Radford, um inglês nascido na Índia, esbanja sensibilidade, amor e, claro, poesia. A relação simbiótica que se estabelece entre Pablo e Mario é o fio condutor de uma história que consegue abarcar diversas outras coisas ao mesmo tempo, sem nunca perder o foco. Último trabalho do grande ator Massimo Troisi, que faleceu prematuramente, aos 41 anos, vítima de um câncer, pouco tempo depois das filmagens. Projeto que ele acalentou durante uma década, tendo até escrito a primeira versão do roteiro. Uma obra que termina funcionando também como filme-poema-testamento deste versátil ator. O diretor Radford soube compor um hino de exaltação ao amor e à poesia e realizou um trabalho apaixonante. A bela trilha sonora, composta por Luís Bacalov, ganhou o Oscar nesta categoria.

SANEAMENTO BÁSICO O FILME
BRASIL 2007

Direção: Jorge Furtado

Elenco: Fernanda Torres, Wagner Moura, Camila Pitanga, Bruno Garcia, Lázaro Ramos, Janaína Kremer, Tonico Pereira, Paulo José, Lúcio Mauro Filho e Zéu Brito. **Duração:** 112 minutos. **Distribuição:** Sony.

A discussão é antiga. O que é mais importante? Investir em cultura ou em esgotos? Na comunidade da Linha Cristal, uma pequena vila de descendentes de colonos italianos na serra gaúcha, os moradores do local precisam urgentemente que seja construída uma fossa para tratamento do esgoto. Como não há recursos para a obra, a subprefeitura propõe que seja produzido um vídeo de ficção com uma verba que foi destinada pelo governo federal para projetos culturais e que precisa ser usada. Quem conhece os trabalhos do cineasta gaúcho Jorge Furtado, sabe que ele adora utilizar em seus roteiros elementos de metalinguagem, ou seja, usa o cinema para falar de cinema. Em *Saneamento Básico - O Filme* não é diferente. A brincadeira tem início já na abertura, quando Marina (Fernanda Torres) está recebendo um grupo de pessoas da vila para uma espécie de reunião de condomínio. E não para por aí. Ao longo de todo o filme, à medida que a própria Marina, junto com seu marido Joaquim (Wagner Moura) iniciam as pesquisas para elaborar um roteiro até a efetiva produção do vídeo, tudo remete à feitura de uma obra cinematográfica. Furtado consegue discutir dois temas bastante complexos, cultura e saneamento básico, e o faz com a competência habitual. Seus filmes são carregados de humor, ritmo, ótimos diálogos e um excelente desempenho do elenco. Ele próprio costuma dizer que é um roteirista que dirige. Pode até ser verdade, mas, na real, poucos cineastas no Brasil possuem a habilidade que Jorge Furtado tem para contar histórias.

COMO TREINAR O SEU DRAGÃO
HOW TO TRAIN YOUR DRAGON
EUA 2010

Direção: Dean DeBlois e Chris Sanders
Animação. Duração: 98 minutos. Distribuição: Paramount.

Antes de chegar aos cinemas, a saga de Soluço, um legítimo guerreiro viking, apareceu em uma série de livros escritos por Cressida Cowell. Temos aqui o clássico processo de iniciação de um jovem e também um belo exemplo de tolerância em uma típica trama estilo "as aparências enganam". Nosso herói, o já mencionado Soluço, é filho do chefe da aldeia de vikings. Ele sonha ser tão forte e valente como seu pai, porém, não tem o físico nem a habilidade necessários para tanto. Franzino, sonhador, desengonçado e atrapalhado, Soluço parece tudo, menos um viking. Sua aldeia é constantemente atacada por dragões e os guerreiros recebem treinamento contínuo para enfrentá-los. Quase sem querer, o jovem magricela captura um raro dragão e o inesperado acontece: os dois se tornam amigos. *Como Treinar o Seu Dragão*, animação produzida pela Dreamworks, é bem escrito e sua história e personagens são sedutores. Tudo embalado com muita ação e humor em uma trama que consegue dialogar com seu público da primeira até a última cena. Prova de maturidade dos diretores Dean DeBlois e Chris Sanders que conseguiram realizar um filme no mesmo nível da imbatível Pixar. Destaque especial para as sequências de vôo, tão perfeitas que te deixam sem fôlego. E ainda dizem que desenho é coisa de criança.

OPERAÇÃO FRANÇA
THE FRENCH CONNECTION
EUA 1971

Direção: William Friedkin

Elenco: Gene Hackman, Roy Scheider, Fernando Rey, Tony Lo Bianco, Marcel Bozzuffi e Frederic de Pasquale. Duração: 104 minutos. Distribuição: Fox.

Gene Hackman já era um ator de destaque no circuito alternativo. *Operação França*, onde interpreta o detetive durão de Nova York, Jimmy "Popeye" Doyle, o tornou conhecido do grande público. Neste filme, dirigido em 1971 por William Friedkin, acompanhamos o trabalho de Doyle, ao lado de seu parceiro Buddy Russo, vivido por Roy Scheider, para desvendar uma rede de tráfico de drogas. As investigações da dupla terminam por revelar a "conexão" da França, daí o título original. Com rigor e um apurado senso de movimentação em cena, Friedkin estabeleceu novos parâmetros para o cinema policial. O diretor conseguiu renovar os clichês do gênero e concebeu uma sequência de perseguição de carros que ainda hoje é referência. Assim como a intensa interpretação de Gene Hackman, um ator criativo, econômico, sutil e de presença magnética na tela. A história se baseia em um livro escrito por Robin Moore, que por sua vez se inspirou em fatos reais. *Operação França* foi o grande vencedor do Oscar de 1972, quando ganhou cinco prêmios: melhor filme, direção, ator (Hackman), roteiro adaptado e montagem. Gerou também uma continuação, realizada quatro anos depois e tão boa quanto o original.

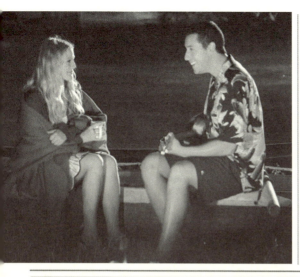

COMO SE FOSSE A PRIMEIRA VEZ
50 FIRST DATES
EUA 2004

Direção: Peter Segal

Elenco: Adam Sandler, Drew Barrymore, Rob Schneider, Sean Astin e Blake Clark.
Duração: 99 minutos. Distribuição: Sony.

Segunda parceria de Adam Sandler e Drew Barrymore (a primeira foi em *Afinados no Amor*), uma dupla que possui uma ótima química em cena. Neste filme, *Como Se Fosse a Primeira Vez*, ele interpreta Henry, um veterinário que teve inúmeros casos amorosos, mas nunca quis um compromisso sério. Tudo muda quando ele conhece Lucy (Barrymore) em uma lanchonete. Os dois se entendem rapidamente e Henry acredita ter encontrado a mulher de sua vida. No dia seguinte, quando ele revê Lucy no mesmo lugar, ela o ignora completamente, como se nunca o tivesse visto. Ela sofre de perda de memória recente e, a cada novo dia, esquece tudo o que aconteceu no dia anterior. Só resta ao apaixonado Henry conquistá-la outra vez, dia após dia. A premissa desta comédia romântica, aparentemente bobinha, é uma excelente metáfora da vida de qualquer casal que planeje dividir uma vida juntos. Toda relação precisa de uma memória comum e para que um relacionamento dure, é necessário um jogo contínuo de sedução e conquista. É isso que Henry faz diariamente, às vezes de maneira bem criativa, outras de forma engraçada e atrapalhada, porém, sempre com muita paixão. Uma curiosidade: em Portugal, o filme se chama *A Minha Namorada Tem Amnésia*. Nosso título, convenhamos, é bem melhor.

SEGREDOS E MENTIRAS
SECRETS & LIES
INGLATERRA 1996

Direção: Mike Leigh

Elenco: Brenda Blethyn, Timothy Spall, Phyllis Logan, Marianne Jean-Baptiste, Claire Rushbrook, Ron Cook, Lesley Manville e Elizabeth Berrington. Duração: 142 minutos. Distribuição: Platina.

O cineasta inglês Mike Leigh costuma filmar suas histórias sem um roteiro concluído. Ele tem o hábito de deixar os atores livres para improvisar, porém, supervisiona a "improvisação". Em *Segredos e Mentiras*, acompanhamos o drama de Hortense (Marianne Jean-Baptiste), uma mulher negra e bem sucedida que após a morte de sua mãe adotiva decide procurar por sua mãe biológica. Para sua surpresa, descobre que sua mãe verdadeira é uma mulher branca e pobre, Cynthia, vivida pela Brenda Blethyn. Essa revelação afeta a vida de todos e expõe segredos e mentiras, como o próprio título já antecipa, que estavam escondidos e esquecidos. Além dos temas polêmicos que geralmente escolhe para seus roteiros, Leigh é diretor reconhecido por seu excelente trabalho com os atores, em especial, com as atrizes. Neste filme temos dois exemplos perfeitos: Marianne Jean-Baptiste e Blenda Blethyn. Qualquer cena com as duas já vale o filme. Misturando um forte drama com alguns respiros cômicos, Leigh encontra o equilíbrio adequado para desenvolver sua trama sem torná-la cansativa. *Segredos e Mentiras* foi premiado em Cannes com a Palma de Ouro de melhor direção e melhor atriz, para Brenda Blethyn.

KUNG-FUSÃO
GONG FU
CHINA 2004

Direção: Stephen Chow

Elenco: Stephen Chow, Yuen Wah, Xiaogang Feng, Zhi Hua Dong, Kwok-Kwan Chan e Oiu Yuen. Duração: 95 minutos. Distribuição: Sony.

O cineasta Stephen Chow é um dos mais populares diretores da China. Os filmes que ele dirige são, antes de tudo, despudorados. Fã de artes marciais, comédias, musicais e animações, principalmente das personagens da turma do Pernalonga, Chow costuma misturar todas essas referências em seus trabalhos. Seus filmes não permitem um meio-termo: ou você embarca na brincadeira ou é melhor nem ver. *Kung-Fusão* se passa na Hong Kong dos anos 1940, quando a terrível Gangue do Machado impõe sua força eliminando impiedosamente a concorrência. O domínio deles é enorme e abrangente, deixando de fora apenas as localidades mais pobres e distantes, como o Beco da Pocilga. Isso, até o chefão da gangue decidir que é hora de ampliar ainda mais seu poder. No universo de Stephen Chow tudo é possível. Até mesmo um ladrão de meia-tigela como Sing, vivido pelo próprio diretor, ser na verdade um grande mestre do kung fu. Por mais absurda que possa parecer, as tramas escritas e dirigidas por Chow são extremamente criativas e bem elaboradas. Como eu escrevi no começo, seu cinema não tem pudor algum em misturar as mais diferentes referências em um mesmo pacote. Repito mais uma vez: não há meio-termo. É embarcar ou desistir da viagem. Mas, se você embarcar com a mente aberta, tenha certeza, vai se divertir muito.

O PLANETA DOS MACACOS [1968]
PLANET OF THE APES — EUA 1968

Direção: Franklin J. Schaffner

Elenco: Charlton Heston, Roddy McDowall, Kim Hunter, Maurice Evans, James Whitmore, James Daly, Linda Harrison e Diane Stanley. Duração: 111 minutos. Distribuição: Fox.

O Planeta dos Macacos é baseado no romance do escritor francês Pierre Boulle, *La Planète des Singes*. Neste filme-marco do cinema de ficção-científica acompanhamos um grupo de astronautas que faz uma aterrissagem forçada em um planeta desconhecido dominado por macacos. Na realidade proposta pela trama, os humanos ocupam uma posição inferior na escala evolucional. Neste mundo, a hierarquia símia é dividida entre orangotangos (política e legislação), gorilas (força militar) e chimpanzés (cultura e ciências). Depois de um confronto com gorilas, somente Taylor (Charlton Heston), sobrevive e fica sob os cuidados dos cientistas Cornelius (Roddy McDowall) e Zira (Kim Hunter). Mesmo tendo passado décadas de sua realização e com todos os avanços tecnológicos, esta primeira versão de *O Planeta dos Macacos* ainda mantém seu impacto. Algumas curiosidades: o filme recebeu um Oscar especial pelo fantástico trabalho de maquiagem (na época, essa categoria ainda não existia); foram realizadas quatro continuações diretas, além de duas séries de TV: uma de animação e outra com atores; Roddy McDowall foi o único ator a participar de todos os filmes e séries produzidos entre 1968 e 1975; em Portugal, o título do filme é, acreditem, *O Homem Que Veio do Futuro*; em 2001 o cineasta Tim Burton dirigiu, como ele próprio afirmou, uma "reimaginação" do filme original, que dividiu a opinião de público e crítica; dez anos depois, a Fox reiniciou a franquia com *Planeta dos Macacos: A Origem*.

O HOMEM QUE MATOU O FACÍNORA
THE MAN WHO SHOT LIBERTY VALANCE
EUA 1962

Direção: John Ford

Elenco: John Wayne, James Stewart, Vera Miles, Lee Marvin, Edmond O'Brien, Andy Devine, Ken Murray e John Carradine. Duração: 123 minutos. Distribuição: Paramount.

O que esperar de um *western* dirigido por John Ford e estrelado por James Stewart e John Wayne? Apenas o melhor. E isso, é o que não falta em *O Homem Que Matou o Facínora*. A obra de Ford, em especial os faroestes que ele dirigiu, se vistos em ordem cronológica, traçam um rico painel do velho oeste americano. Para ser mais preciso, seus filmes mostram claramente a evolução do típico *cowboy*. Da juventude à maturidade e da inocência à amargura. Jimmy Stewart interpreta Ransom Stoddard, um advogado honesto e idealista da cidade grande que se muda para a pequena Shinbone e decide fazer valer as leis no lugar. Contra ele, temos a figura de Liberty Valance (Lee Marvin), um bandido da região. Tom Doniphon, vivido por John Wayne, sabe manejar bem um revólver e tem um rancho no vilarejo. Ele e Ransom tornam-se amigos. No coração dos dois, uma mesma paixão, Hallie (Vera Miles). *O Homem Que Matou o Facínora* é considerado por muitos estudiosos de cinema o filme-testamento de um diretor e de um gênero. Não foi por acaso que depois dele nenhum outro *western* daquele período conseguiu se destacar. Foi preciso que o italiano Sergio Leone reinventasse o faroeste para que ele tivesse uma sobrevida digna sob a direção de um Clint Eastwood, por exemplo. O filme também "brinca" com dois planos de realidade: aquela que acreditamos que aconteceu e aquela que realmente aconteceu. A frase final resolve de maneira magnificamente pragmática esse dilema. Um grande Ford, um grande filme. Imperdível. Obrigatório. E ponto final!

DIÁRIOS DE MOTOCICLETA
DIARIOS DE MOTOCICLETA / THE MOTORCYCLE DIARIES
BRASIL/EUA/ARGENTINA/ CHILE/PERU/ALEMANHA/ FRANÇA E INGLATERRA 2004

Direção: Walter Salles

Elenco: Gael García Bernal, Rodrigo de la Serna, Mercedes Morán, Jean Pierre Noher e Lucas Oro. Duração: 126 minutos. Distribuição: Buena Vista.

Quando o cineasta brasileiro Walter Salles decidiu contar em filme um período da vida do jovem Ernesto Guevara, ele não pensou que seu trabalho fosse envolver meio mundo. A produção foi "abraçada" por nada menos que oito países e o elenco é composto por atores de diversos países latino-americanos. O filme é baseado nos relatos escritos por Guevara e por seu amigo e companheiro de viagem Alberto Granado. A história tem início em 1952, quando o futuro líder da Revolução Cubana era um jovem estudante de medicina em Buenos Aires. Ernesto e Alberto viajam pela América do Sul em uma velha moto, *La Poderosa*. Essa transformadora viagem permite a ambos entender a verdadeira realidade que os rodeia. O grande trunfo deste filme é estabelecer a gênesis de um mito sem sucumbir ou glorificar esse mito. O olhar carinhoso da câmara de Salles ao mostrar/descobrir um povo é comovente. Nos papéis principais temos os talentosos Gael García Bernal (Ernesto) e Rodrigo de la Serna (Alberto). Uma bela e reveladora viagem embalada por uma estupenda trilha sonora composta pelo Gustavo Santaolalla, cuja música-tema, *Al Otro Lado Del Río*, cantada por Jorge Drexler, ganhou o Oscar de melhor canção original em 2005.

LEGALMENTE LOIRA
LEGALLY BLONDE
EUA 2001

Direção: Robert Luketic

Elenco: Reese Witherspoon, Luke Wilson, Selma Blair, Matthew Davis, Victor Garber e Jennifer Coolidge. Duração: 96 minutos. Distribuição: Fox.

Antes de mais nada, é preciso deixar bem claro que, apesar das aparências, *Legalmente Loira* é um filme de superação. Vejamos sua personagem principal, a loira em questão, Elle Woods, papel de Reese Witherspoon. Ela mora em Beverly Hills, é rica, chique, bonita e fútil. Até aí, estamos diante do modelo estereotipado de boa parte das loiras retratadas pelo cinema americano. Ela é "dispensada" pelo namorado justamente por causa disso. Ele vai estudar Direito em Harvard e Elle não se enquadra nos seus planos. Para provar que não é um ser inferior e determinada a reconquistar seu amor, Elle se matricula em Harvard também e se torna vítima de todos os preconceitos que a maioria das loiras sofre. *Legalmente Loira* é uma divertida comédia que explora justamente as "agruras" enfrentadas por mulheres que não têm culpa de terem nascido com cabelos dourados. Este filme dirigido por Robert Luketic mostra também que o poder exercido pelos fios de ouro, quando usados para o bem, pode ajudar as pessoas e resolver até uma disputa judicial. Reese Witherspoon nasceu para esse papel. Mesmo tendo ganho um Oscar por seu trabalho em *Johnny e June*, é como Elle Woods que ela será sempre lembrada.

A VIAGEM DE CHIHIRO
SEN TO CHIHIRO NO KAMIKAKUSHI
JAPÃO 2001

Direção: Hayao Miyazaki

Animação. Duração: 125 minutos. Distribuição: Europa.

É comum ouvirmos dizer que Hayao Miyazaki é o Walt Disney japonês. Trata-se de uma comparação parcialmente correta e que não agrada a Miyazaki. Dono dos Estúdios Ghibli, que é sócio da Disney em diversos projetos, Miyazaki é seguramente um dos maiores mestres da animação mundial e um dos poucos que não utiliza computação gráfica em seus desenhos. Dentre os muitos trabalhos que realizou, *A Viagem de Chihiro* talvez seja seu desenho mais popular. Chihiro é uma menina mimada e medrosa de 10 anos cuja família está de mudança. Nas proximidades do novo bairro onde irão morar eles encontram um parque de diversões abandonado. O lugar é a porta de entrada para um mundo encantado, habitado por seres fantásticos, onde Chihiro fica presa. Para salvar seus pais e voltar ao nosso mundo, ela enfrentará desafios que testarão sua determinação, humildade e coragem. O estilo e a narrativa de Miyazaki podem, num primeiro momento, assustar um pouco aqueles que estão acostumados com o padrão ocidental de animação. *A Viagem de Chihiro*, assim como os outros trabalhos dirigidos por Miyazaki, exige um jeito diferente de olhar, ver e perceber a riqueza de cores e movimentos que farão dessa experiência algo fascinante. O filme foi premiado em 2002 com o Urso de Ouro do Festival de Cinema de Berlim e com o Oscar de melhor longa-metragem de animação.

TOOTSIE
TOOTSIE
EUA 1982

Direção: Sydney Pollack

Elenco: Dustin Hoffman, Jessica Lange, Teri Garr, Dabney Coleman, Charles Durning, Bill Murray e Geena Davis. **Duração:** 116 minutos. **Distribuição:** Sony.

Michael Dorsey é um ator de grande talento, porém, de temperamento explosivo. Seu agente já não sabe mais o que fazer. Muitos diretores não querem trabalhar com ele. Desempregado e desesperado, Dorsey cria uma identidade feminina, Dorothy Michaels, e concorre a uma vaga em uma novela de TV. "Ela" passa no teste e se transforma na nova sensação da telinha. Essa é a trama de *Tootsie*, filme dirigido por Sydney Pollack, que atua também no papel do agente do ator/atriz. Com Dustin Hoffman interpretando de maneira impagável Michael Dorsey/Dorothy Michaels, nesta que é uma das melhores comédias americanas da década de 1980. Pollack encontrou o ritmo perfeito para extrair humor das situações que naturalmente acontecem em função da "mudança" de sexo. Além de Hoffman, todos os outros que compóem o elenco estão soberbos, em especial, Jessica Lange, cuja beleza é estonteante. Algumas curiosidades: foi o primeiro trabalho em cinema da atriz Geena Davis; indicado a dez prêmios Oscar, levou apenas de melhor atriz coadjuvante para Jessica Lange; e finalmente, a pérola das pérolas, em Portugal recebeu o "sutil" título de *Quando Ele Era Ela*.

O GRANDE CHEFE
DIREKTØREN FOR DET HELE
DINAMARCA 2006

Direção: Lars Von Trier

Elenco: Jens Albinus, Peter Gantzler, Henrik Prip, Iben Hjejle e Jean-Marc Barr. Duração: 99 minutos. Distribuição: Califórnia.

O cineasta dinamarquês Lars Von Trier tem predileção por temas polêmicos e com forte carga dramática. É, portanto, inusitada esta comédia, *O Grande Chefe*, escrita e dirigida por ele. No filme, temos um patrão bonzinho que nunca desagrada seus empregados. No entanto, isso não é verdade. Trata-se de uma máscara. As maldades são cometidas pelo "grande chefe", que nunca aparece e mora nos Estados Unidos. A coisa se complica quando a empresa está prestes a fechar um grande negócio. Para tanto, se faz necessária a presença dele e para representá-lo é contratado um ator. Já no começo do filme o diretor define tudo: "Esta é uma comédia e, como tal, é inofensiva; não há imposição de ideias ou a mudança delas". Utilizando uma técnica chamada *Automavision*, tudo é filmado com a luz natural da locação e a partir de uma câmara instalada em um computador. Segundo o diretor, o computador também selecionou as cenas para a edição final. Tecnicidades à parte, *O Grande Chefe* é bem divertido e em alguns momentos lembra a série de TV *The Office*. O filme brinca com a questão da representação em nossas vidas. O humor aparece justamente quando a "criatura", o ator, completamente absorvido pelo papel de chefe, passa a agir como tal, criando situações engraçadas e embaraçosas.

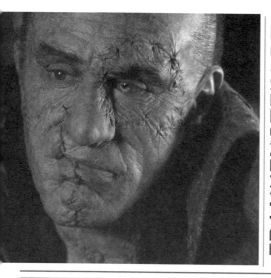

FRANKENSTEIN DE MARY SHELLEY
MARY SHELLEY'S FRANKENSTEIN
EUA 1994

Direção: Kenneth Branagh

Elenco: Robert De Niro, Kenneth Branagh, Tom Hulce, Helena Bonham Carter, Aidan Quinn, Ian Holm e John Cleese. **Duração:** 123 minutos. **Distribuição:** Sony.

No início dos anos 1990, Francis Ford Coppola decidiu refazer os filmes de monstros clássicos da Universal. Ele próprio dirigiu *Drácula de Bram Stoker*, sucesso de público e crítica. Como segundo filme do projeto, ele produziu este *Frankenstein de Mary Shelley*, que foi dirigido e estrelado por Kenneth Branagh. Infelizmente, e sem justificativa para tanto, o filme não alcançou o sucesso que era esperado e o projeto, que na sequência refilmaria *O Homem Invisível*, *O Lobisomem* e *A Múmia*, foi arquivado. Assim como em *Drácula* de Coppola, este *Frankenstein* de Branagh bebe direto na fonte original, ou seja, no livro de Mary Shelley. O próprio diretor interpreta o jovem médico, doutor Victor Frankenstein, obcecado com a ideia de criar vida. Ele "monta" uma criatura com partes dos corpos de condenados e coloca nela o cérebro de um cientista. Robert De Niro vive esta criatura. E Branagh conduz o filme como se fosse uma grande tragédia shakespeareana em ritmo de ópera gótica. Por mais estranha que possa parecer essa combinação, ela funciona muito bem e garante momentos de pura magia cinematográfica, bem como cenas de puro terror. Só nos resta imaginar como teriam sido as outras adaptações dos monstros clássicos, que infelizmente, nunca veremos com essa qualidade.

UMA LINDA MULHER
PRETTY WOMAN
EUA 1990

Direção: Garry Marshall

Elenco: Richard Gere, Julia Roberts, Ralph Bellamy, Jason Alexander, Laura San Giacomo, Hector Elizondo e Amy Yasbeck. Duração: 120 minutos. Distribuição: Buena Vista.

Filme que transformou a atriz Julia Roberts em estrela, *Uma Linda Mulher* é, antes de tudo, uma versão moderna da clássica história de Cinderela. Acompanhamos a vida de uma prostituta que faz ponto em Hollywood. Um milionário perdido na cidade termina por encontrá-la e a contrata para ser sua acompanhante por uma semana. O preço acertado: três mil dólares. Este era o título original do roteiro, depois mudado para *Pretty Woman* por causa da música de Roy Orbinson. Em clima de conto de fadas, afinal, Hollywood é a terra dos sonhos, *Uma Linda Mulher* oferece bem mais do que aparenta. A química em cena de Julia Roberts com Richard Gere garantem ótimas sequências e algumas improvisadas pelo diretor Garry Marshall, como a da foto que ilustra este texto, são impagáveis. Todos os elementos clássicos de um conto de fadas estão presentes: a donzela em perigo, o príncipe encantado, a fada madrinha, a espada e o cavalo branco. Todos esses arquétipos foram atualizados e retrabalhados habilmente pelo diretor que até se deu ao luxo de abrir e fechar sua história com um mendigo-narrador que dá as boas-vindas à Hollywood, lugar onde os sonhos se tornam realidade.

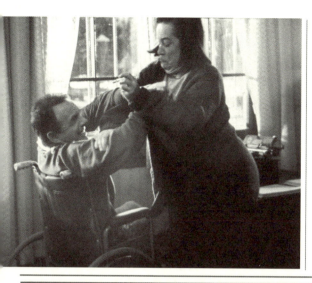

LOUCA OBSESSÃO
MISERY
EUA 1990

Direção: Rob Reiner

Elenco: James Caan, Kathy Bates, Frances Sternhagen, Lauren Bacall, Richard Farnsworth e Graham Jarvis. **Duração:** 127 minutos. **Distribuição:** Fox.

Stephen King é um dos autores mais populares do mundo. Simplesmente tudo que ele escreve vira filme. Porém, dentre as dezenas de diretores que adaptaram material seu, dois se destacam: Frank Darabont e Rob Reiner. O primeiro dirigiu *Um Sonho de Liberdade*, *À Espera de Um Milagre* e *O Nevoeiro*. O segundo dirigiu *Conta Comigo* e este *Louca Obsessão*. Na trama, acompanhamos o drama do escritor Paul Sheldon (James Caan), que sofre um acidente com seu carro durante uma nevasca. Gravemente ferido, ele é socorrido por Annie Wikes (Kathy Bates), uma enfermeira que o leva para casa e aplica os primeiros socorros. Com as estradas bloqueadas por causa da neve, Sheldon é obrigado a permanecer na companhia de Annie, que revela ser sua "fã número um". As coisas se complicam quando ela lê os originais de um novo livro e não gosta do desfecho da história. *Louca Obsessão* é um filme tenso e angustiante. Seu maior trunfo reside no desempenho da dupla principal: James Caan e Kathy Bates, que ganhou o Oscar de melhor atriz em 1991 por este papel. Apesar da estrutura aparentemente teatral, já que em quase todas as cenas temos apenas dois atores, é impossível desviar a atenção da tela por um segundo que seja deste impactante suspense.

...E O VENTO LEVOU
GONE WITH THE WIND
EUA 1939

Direção: Victor Fleming

Elenco: Vivien Leigh, Clark Gable, Olivia de Haviland, Leslie Howard, Thomas Mitchell, Barbara O'Neil, Evelyn Keyes, Ann Rutherford e George Reeves. Duração: 238 minutos. Distribuição: Warner.

"O maior filme de todos os tempos". "A produção mais bem-sucedida de Hollywood". "É como um bom vinho, fica melhor com o passar dos anos". Além dessas três, existem inúmeras outras frases que destacam ...*E o Vento Levou*. Produzido pelo lendário David O. Selznick e baseado no livro de mesmo nome escrito por Margaret Mitchell, foi o primeiro filme a fazer uso completo de um novo processo de coloração, o *Technicolor*. A história acompanha a saga de Scarlett O'Hara (Vivien Leigh) e é ambientada durante a Guerra Civil Americana. Uma trama épica repleta de grandes paixões e superação, tudo bem contextualizado dentro de um imenso painel histórico. Além de Scarlett, outras personagens marcantes contribuem sobremaneira para o sucesso dessa obra: Rhett (Clark Gable), Ashley (Leslie Howard), Melanie (Olivia de Haviland), Mammy (Hattie McDaniel) e Prissy (Butterfly McQueen). ...*E o Vento Levou* é um típico filme de produtor e os desafios enfrentados por Selznick durante a produção renderiam excelentes dramas. Quatro diretores "passaram" pelo filme e a assinatura final ficou com Victor Fleming. 1.400 atrizes se inscreveram para o papel de Scarlett. Desse total, 400 foram testadas com leitura do roteiro. A polêmica das polêmicas se instalou quando foi anunciado o nome de Vivien Leigh, uma atriz inglesa, para o papel. Lançado em 1939, é até hoje um dos mais populares filmes de todos os tempos. Ganhou dez prêmios Oscar (filme, diretor, atriz, roteiro, atriz coadjuvante, fotografia, montagem e cenografia), mais um honorário e outro técnico. Simplesmente obrigatório.

PANTALEÃO E AS VISITADORAS
PANTALEÓN Y LAS VISITADORAS
PERU 2000

Direção: Francisco José Lombardi

Elenco: Salvador del Solar, Angie Cepeda, Pilar Bardem, Gianfranco Brero, Gustavo Bueno e Monica Sanchez. Duração: 116 minutos. Distribuição: Europa.

Baseado no romance de Mario Vargas Llosa, *Pantaleão e as Visitadoras* conta a engraçada história do Capitão Pantaleão Pantoja (Salvador Del Solar). Ele é convocado para uma missão fora do comum: liderar um grupo de prostitutas que seguem de barco pelos rios saciando os desejos dos soldados que ficam meses sem ver uma mulher. Durante o processo de seleção das "Visitadoras", Pantaleão conhece a deslumbrante Colombiana (Angie Cepeda), uma mulher envolvente que mexe com sua cabeça e abala seu casamento e sua "missão secreta". Esta é a segunda versão dessa história levada ao cinema. A primeira foi realizada em meados dos anos 1970 pelo próprio Vargas Llosa, que detestou o resultado. O diretor Francisco José Lombardi teve mais sorte e conseguiu imprimir em película todo o humor e a crítica social presentes no livro. Ao mesmo tempo em que questiona a postura do exército em relação à maneira como resolve os "problemas" de seus soldados, também apresenta Pantaleão, um militar correto e exemplar, como modelo a ser seguido. Um tipo de filme que só poderia ser feito na América do Sul e que, independente disso e até por isso, merece ser visto.

X-MEN 2
X2
EUA 2003

Direção: Bryan Singer

Elenco: Patrick Stewart, Hugh Jackman, Ian McKellen, Halle Berry, Famke Janssen, James Marsden, Rebecca Romjin, Brian Cox, Anna Paquin e Alan Cumming. Duração: 134 minutos. Distribuição: Fox.

Antes de *Homem-Aranha 2* e de *Batman - O Cavaleiro das Trevas*, Bryan Singer provou com este *X-Men 2* que é possível realizar uma continuação de filme de super-herói superior ao original. E olha que estamos falando de originais muito bons. Nesta segunda aventura dos alunos do Professor Xavier (Patrick Stewart), um dos focos é a busca por respostas relativas ao passado de um dos mais populares mutantes, Wolverine (Hugh Jackman). Mas não é só isso. A sequência de abertura já diz a que veio. Uma espetacular ação de Noturno (Alan Cumming) dentro da Casa Branca deixa o governo americano em pânico. Isso faz com que o general Stryker (Brian Cox) conte com o apoio para por em prática seu plano para acabar com todos os mutantes do planeta. *X-Men*, tanto nos quadrinhos como no cinema, sempre foi uma analogia da intolerância que boa parte da maioria tem para com grupos minoritários. A essência desse confronto está presente nas posturas de Xavier e Magneto (Ian McKellen) em relação à convivência com os humanos. Singer, agora com um orçamento mais generoso, caprichou nas cenas de ação, porém, não esqueceu do mais importante: o roteiro e o desenvolvimento das personagens. Com muitas sequências de tirar o fôlego, entre elas: a fuga de Magneto, a invasão à mansão do Professor X e o confronto na usina de energia, para citar apenas três, *X-Men 2* é o que poderíamos chamar de "o melhor de dois mundos".

SEM MEDO DE VIVER
FEARLESS
EUA 1993

Direção: Peter Weir

Elenco: Jeff Bridges, Isabella Rossellini, Rosie Perez, Tom Hulce, John Turturro, Benicio Del Toro e John de Lancie **Duração:** 122 minutos. **Distribuição:** Warner.

O avião, apesar de estatisticamente ser o meio de transporte mais seguro que existe, ainda causa muito medo nas pessoas. Filmes sobre acidentes aéreos então, são como pesadelos. *Sem Medo de Viver*, de Peter Weir, é sobre um avião que cai. Mas isso, não é o foco principal do filme. É só o pretexto para uma profunda discussão sobre o valor da vida. Na trama, o arquiteto Max Klein, interpretado por Jeff Bridges, é um dos poucos sobreviventes de um desastre aéreo. A experiência de quase-morte muda completamente sua maneira de encarar as coisas do seu cotidiano, sejam elas suas relações com os colegas de trabalho, com os amigos e com a família. Ele agora não tem medo de nada, daí o título original *Fearless* (sem medo). Uma outra sobrevivente, Carla Rodrigo (Rosie Perez), perdeu o filho pequeno no acidente e se sente culpada e devastada por isso. Max se aproxima dela para tentar ajudá-la a superar essa dor imensa. O tema parece pesado, e é pesado. O diretor não mascara nada. Ao mesmo tempo, o filme tem uma leveza e é cheio de esperança, de carinho, de amor pela vida. Impossível não se emocionar com a maneira com que o ator Jeff Bridges se entrega ao papel de Max. Além dele e de Rosie Perez, outro grande destaque é John Turturro, que faz o psicólogo. *Sem Medo de Viver* não teve a acolhida que merecia de público e crítica. Essa indiferença fez com que Peter Weir ficasse cinco anos sem filmar.

A EMBRIAGUEZ DO SUCESSO
SWEET SMELL OF SUCCESS
EUA 1957

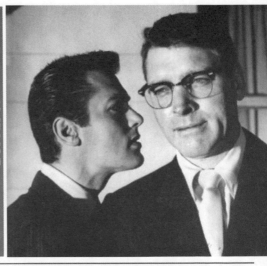

Direção: Alexander Mackendrick

Elenco: Burt Lancaster, Tony Curtis, Susan Harrison, Martin Milner, Sam Levene, Barbara Nichols, Jeff Donnell e Joseph Leon. Duração: 95 minutos. Distribuição: Classicline.

Estamos em Nova York, na segunda metade dos anos 1950. O jornal impresso é a grande fonte de informação e o colunista J.J. Hunsecker (Burt Lancaster) é o mais poderoso de todos. Ele ouve, vê e sabe tudo o que acontece ao seu redor. Pessoas são alçadas ao topo ou destruídas de acordo com o que ele escreve em sua coluna diária no jornal *The Globe*. Sidney Falco (Tony Curtis) é um agente de imprensa que conhece bem as engrenagens e as manipula de acordo com seus interesses. No meio disso tudo, um jovem casal apaixonado. A história de *A Embriaguez do Sucesso* acontece ao longo de dois dias apenas. Dois dias bem intensos em que acompanhamos as armações de Hunsecker, com o auxílio de Falco, para por um fim no romance de Susan (Susan Harrison) e Dallas (Martin Milner). Ela é a irmã caçula de Hunsecker e ele é um músico de jazz. Com um roteiro enxuto e cheio de diálogos precisos, coube ao diretor Alexander Mackendrick imprimir um ritmo dinâmico e envolvente para sua trama. O filme conta ainda com um elenco afinadíssimo, uma belíssima fotografia em preto-e-branco, uma trilha sonora perfeita e uma edição primorosa. *A Embriaguez do Sucesso* é um filme subversivo e que "brinca" com as aparências. Parece "certinho", no entanto, desnuda sem piedade e com propriedade os bastidores de uma sociedade perversa e obcecada pela fama e pelo sucesso fácil.

MADAME BOVARY
MADAME BOVARY
FRANÇA 1991

Direção: Claude Chabrol

Elenco: Isabelle Huppert, Jean-François Balmer, Christophe Malavoy, Jean Yanne, Lucas Belvaux, Christiane Minazzoli, Florent Gibassier e Gilette Barbier. Duração: 137 minutos. Distribuição: Versátil.

O livro *Madame Bovary* foi escrito por Gustave Flaubert e publicado na França em 1857. O escândalo causado pela publicação tornou-se maior ainda por conta do julgamento de seu autor. O governo francês acusou Flaubert de ter escrito uma "obra execrável sob o ponto de vista moral". Isso tudo só aumentou o interesse do público pela obra, que é considerada uma das precursoras do romance realista francês. Muitas adaptações já foram feitas, tanto para cinema como para televisão. Esta de 1991, dirigida por Claude Chabrol e estrelada por Isabelle Hupert é uma das melhores versões, se não a melhor. A história acontece em meados do Século XIX. Emma (Hupert), é filha de um camponês que quebra a perna e precisa de cuidados médicos. Ela quer ascender socialmente, e para tanto, se casa com o médico da região, o doutor Charles Bovary (Jean-François Balmer). Leitora apaixonada por histórias românticas, ela se vê frustrada com a vida que está levando. Para "escapar" dessa realidade, Emma passa a ter vários amantes. O livro faz uma dura crítica à moral e aos costumes da sociedade francesa do Século XIX e a adaptação de Chabrol é fiel ao conteúdo da obra original. Além disso, o diretor filma tudo com extrema elegância e extrai da atriz Isabelle Hupert o desempenho definitivo para a personagem-título. Em tempo: a versão de 1933, dirigida por Jean Renoir e com Valentine Tessier no papel principal, também foi lançada no Brasil pela Versátil.

MINHA ADORÁVEL LAVANDERIA
MY BEAUTIFUL LAUNDRETTE
INGLATERRA 1985

Direção: Stephen Frears

Elenco: Daniel Day-Lewis, Gordon Warnecke, Saeed Jaffrey, Roshan Seth, Shirley Ann Field, Rita Wolf e Derrick Branche. Duração: 128 minutos. Distribuição: Platina.

As personagens de *Minha Adorável Lavanderia* poderiam ser resumidas como "pessoas-intervalos". Não por acaso, em um dos primeiros diálogos do filme, alguém diz para Omar (Gordon Warnecke) que está cansado de "in betweens", expressão em inglês que significa algo como "estar no meio do caminho". Trata-se de uma metáfora perfeita para ilustrar tanto os dilemas de Omar como também os de Johnny (Daniel Day-Lewis). Baseado no romance escrito e adaptado para o cinema por Hanif Kureishi, *Minha Adorável Lavanderia* foi o filme que revelou ao mundo o talento do diretor inglês Stephen Frears. Foi também o primeiro papel de destaque do ator Daniel Day-Lewis. Na trama, acompanhamos principalmente o dilema de Omar, um homem dividido em diversos sentidos: é filho de paquistaneses, mas nasceu na Inglaterra, ou seja, é inglês, mas parece estrangeiro; admira o idealismo do pai, mas termina seguindo o pragmatismo do tio rico; é gay, mas esconde isso da família. A lavanderia que ele monta cheio de ideias se transforma no catalisador das grandes mudanças de sua vida. Seu amigo Johnny vai trabalhar com ele e a amizade vira paixão. Frears conduz o romance entre Omar e Johnny de maneira delicada e sensível. Isso fica claro em dois momentos especiais: o primeiro beijo que eles trocam e na sequência do banho. Porém, o amor dos dois é também como a vida deles, está no meio do caminho. Nunca é assumido de público, apesar de visível no olhar de ambos. Frears trafega por caminhos tortuosos. Qualquer outro diretor menos talentoso tenderia a cair na caricatura ao mostrar o relacionamento dos dois. Em suas mãos, a história adquire tons fantasiosos, quase surreais, e que fazem toda a diferença.

NOTÍCIAS DE UMA GUERRA PARTICULAR
BRASIL 1999

Direção: João Moreira Salles e Kátia Lund
Documentário. Duração: 56 minutos. Distribuição: Videofilmes.

Quando o primeiro *Tropa de Elite* tornou-se o maior sucesso do mercado de dvds piratas do Brasil, os camelôs começaram a vender o documentário *Notícias de Uma Guerra Particular* como se fosse a "parte 2" do filme de José Padilha. O curioso é que, de uma certa maneira, os dois têm muito em comum. Dirigido por João Moreira Salles e Kátia Lund, *Notícias de Uma Guerra Particular* contém a gênesis de três grandes filmes brasileiros realizados na primeira década do Século XXI: *Cidade de Deus*, *Ônibus 174* e o próprio *Tropa de Elite*. Ao traçar um amplo painel das origens do tráfico de drogas e das causas da violência no Rio de Janeiro, os dois diretores, com um incrível poder de síntese (apenas 56 minutos), conseguem atingir seus objetivos. Sem cair em maniqueísmos desnecessários, a história é contada por múltiplos protagonistas. Traficantes, moradores, jornalistas, policiais, enfim, todos que compõem o grande mosaico de uma cidade como o Rio de Janeiro estão presentes. Em especial, temos a figura do capitão Rodrigo Pimentel, então oficial do BOPE. Aqui, cabe um capítulo especial. Pimentel, pouco tempo depois, participa da ação envolvendo o sequestro do *Ônibus 174*. Mais tarde, ele se desliga da corporação e escreve um livro, *Elite da Tropa*, que conta uma história narrada por um certo capitão Nascimento. O livro serve de base para o roteiro do filme *Tropa de Elite*. Esta edição especial traz extras imperdíveis. Temos o documentário *Santa Marta: Duas Semanas no Morro*, dirigido em 1987 por Eduardo Coutinho, além da íntegra de muitas das entrevistas. Simplesmente indispensável para compreendermos as raízes de um problema social grave do cotidiano de qualquer grande cidade brasileira.

NA NATUREZA SELVAGEM
INTO THE WILD
EUA 2007

Direção: Sean Penn

Elenco: Emile Hirsch, Jena Malone, Catherine Keener, Hal Holbrook, Kristen Stewart, Marcia Gay Harden, Vince Vaughn, William Hurt e Zach Galifianakis. Duração: 148 minutos. Distribuição: Paramount.

Baseado no livro homônimo do jornalista Jon Krakauer, *Na Natureza Selvagem* é inspirado na história real de Christopher Johnson McCandless (Emile Hirsch), um jovem recém-formado, de pouco mais de vinte anos, que abandona sua vida confortável e previsível para buscar a liberdade plena junto à natureza. Para tanto, ele inicia uma longa viagem ao Alasca selvagem com a intenção de atingir seu objetivo maior. Escrito e dirigido por Sean Penn, *Na Natureza Selvagem* é poético e fiel ao espírito do livro e ao espírito livre almejado por Alexander Supertramp, identidade criada por Christopher durante sua grande aventura. Em um filme como este, cuja personagem principal aparece em praticamente todas as cenas, era fundamental que o ator que a interpretasse fosse bem escolhido. E tanto o diretor, assim como nós, espectadores, tivemos a felicidade de acompanhar o belo e sensível desempenho de Emile Hirsch. Mas toda grande atuação nunca vem sozinha e nesse quesito, *Na Natureza Selvagem* tem um elenco coadjuvante soberbo, com destaque especial para William Hurt (o pai), Marcia Gay Harden (a mãe), Catherine Keener (Jan), Brian Dierker (Rainey) e principalmente, Hal Holbrook (Ron). Em seu quarto trabalho atrás das câmeras, Sean Penn se revela um artista completo. Ele esperou uma década até receber autorização da família McCandless para realizar o filme. Com mão firme, suas lentes capturam, seja nos planos abertos ou nos detalhes, toda a trajetória de experiências e descobertas vividas por Chris/Alex. Além disso, temos também a trilha sonora composta por Michael Brook, Kaki King e Eddie Vedder que enriquece o roteiro e interage de maneira harmoniosa com as imagens mostradas.

O GAROTO DE LIVERPOOL
NOWHERE BOY
INGLATERRA 2009

Direção: Sam Taylor-Wood
Elenco: Aaron Johnson, Anne-Marie Duff, Kristin Scott Thomas, Thomas Brodie-Sangster, David Threlfall, Josh Bolt, Sam Bell e David Morrissey. Duração: 97 minutos. Distribuição: Imagem.

O título nacional já entrega tudo. Ao contrário da sutileza do título original. Estamos diante de um filme que fala de *Beatles*. No caso, do fundador da banda, John Winston Lennon. A diretora estreante em longas Sam Taylor-Wood e o roteirista Matt Greenhalgh, que antes havia escrito o roteiro de *Controle*, sobre a vida de Ian Curtis, do *Joy Division*, retratam aproximadamente dois anos na vida de John. Período crucial para a história da música *pop* mundial, acompanhamos Lennon (Aaron Johnson, de *Kick-Ass*), entre seus 15 a 17 anos, quando ele era um adolescente solitário e criativo que vivia em Liverpool imitando seu ídolo maior, Elvis Presley. Abandonado pela mãe, Julia (Anne-Marie Duff), e criado pela tia Mimi (Kristin Scott Thomas), o garoto encontra no *rock* a válvula de escape para lidar com suas frustrações e dilemas. Está tudo lá. Desde quando ele ganha seu primeiro violão e monta uma banda com colegas da escola, até a viagem à Hamburgo, na Alemanha, para uma série de shows. Vemos também o encontro que mudou sua vida, quando conhece o jovem Paul McCartney (Thomas Brodie-Sangster), e, pouco depois, George Harrison (Sam Bell). *O Garoto de Liverpool* centra seu foco dramático no triângulo Julia-John-Mimi, mas, paralelo a isso, desenvolve um outro arco em que vemos surgir a genialidade e a atitude do Lennon que conhecemos. Uma dica: se possível, veja na sequência o filme *Backbeat - Os Cinco Rapazes de Liverpool*, dirigido em 1994 por Iain Softley e que "pega" justamente a carreira dos *Beatles* a partir dos primeiros shows no *Cavern Club*, em Liverpool, seguido pela turnê em Hamburgo.

O PODEROSO CHEFÃO
THE GODFATHER
EUA 1972

Direção: Francis Ford Coppola

Elenco: Marlon Brando, Al Pacino, James Caan, Robert Duvall, Diane Keaton, Talia Shire, John Cazale, Richard Castellano e Sterling Hayden. **Duração:** 177 minutos. **Distribuição:** Paramount.

"Eu acredito na América. A América fez minha fortuna". Esta é a primeira frase que ouvimos em *O Poderoso Chefão*. Ela sai da boca de Bonasera (Salvatore Corsitto), que está diante de Don Corleone (Marlon Brando) para pedir sua ajuda. Boa parte dos textos sobre esta obra-prima do cinema utiliza esta frase. É quase um clichê. Mas é difícil escapar dela. Afinal, o poder de síntese que ela carrega é imenso. São apenas dois pronomes, dois verbos e dois substantivos. Mas, está tudo lá. Escrever sobre *O Poderoso Chefão* é fácil e difícil ao mesmo tempo. Eu poderia simplesmente dizer: não leia nada. Veja logo o filme. Esta é a parte fácil. Resumir a grandiosidade desse marco cinematográfico, isto é bem difícil. Francis Ford Coppola fez parte de uma geração de cineastas americanos que se formou em Cinema. Ele foi o primeiro desta turma a se destacar. Influenciado pela *Nouvelle Vague* francesa, Coppola sonhava em realizar filmes autorais e ter independência criativa. Dirigir um filme como este era tudo o que ele não queria. Mas os sonhos custam caro e Coppola estava sem dinheiro e sem perspectiva. O convite para dirigir *O Poderoso Chefão*, baseado no *best-seller* de Mario Puzo, surgiu porque o produtor acreditava que a "herança italiana" de Coppola serviria bem ao projeto. Foi George Lucas que o convenceu a aceitar o trabalho e o resto é uma longa história, que pode ser conferida em detalhes nos extras do filme. Coppola fez de sua saga sobre uma família de mafiosos uma rica e complexa metáfora da América. Tudo, absolutamente tudo em *O Poderoso Chefão* é perfeito. E pensar que as matrizes deste filme quase foram perdidas. Tudo aconteceu quando a Dreamworks, estúdio de Steven Spielberg, foi comprado pela Paramount. Coppola pediu ao amigo que fizesse alguma coisa para resgatar os originais. Esta ação resultou na restauração integral do filme.

O QUARTO DO FILHO
LA STANZA DEL FIGLIO
ITÁLIA 2001

Direção: Nanni Moretti

Elenco: Nanni Moretti, Laura Morante, Silvio Orlando, Stefano Accorsi e Dario Cantarelli. Duração: 100 minutos. Distribuição: Warner.

O roteirista, ator e diretor italiano Nanni Moretti surpreendeu a todos no Festival de Cinema de Cannes de 2001 quando apresentou seu filme *O Quarto do Filho*, onde ganhou a Palma de Ouro de melhor filme e direção. Diferente dos outros trabalhos que dirigiu, ele agora tratava de um tema bastante delicado. Moretti conta a história de um casal que sofre o baque de perder o filho mais velho em um acidente. Dizem que os italianos são entre os povos da Terra os que mais valorizam os laços de família. Se é verdade, eu não sei. No entanto, sei que os dramas familiares realizados pelo cineastas da Itália são intensos, complexos, humanos e cinematograficamente irretocáveis. É o caso deste *O Quarto do Filho*. Nanni Moretti, além de dirigir, assina o roteiro e faz o papel de Giovanni, o pai. Ele consegue, sem apelações ou maniqueísmos baratos, lidar com um assunto tão doloroso com sensibilidade. Destaque especial para a sequência em toca a bela música *By This River*, de Brian Eno. Um conselho: não veja este filme sem uma caixa de lenços.

UM PEQUENO ROMANCE
A LITTLE ROMANCE
EUA 1979

Direção: George Roy Hill

Elenco: Laurence Olivier, Diane Lane, Thelonious Bernard, Sally Kellerman, Arthur Hill e Claude Brosset. Duração: 108 minutos. Distribuição: Warner.

É quase um *Romeu e Julieta*. Ao invés da rivalidade entre as famílias, temos um oceano separando o casal. O amor não chega a ser impossível, porém, é muito difícil. No lugar do frade-cupido, temos um golpista-cupido e finalmente, no lugar de Verona, temos Veneza. *Um Pequeno Romance* conta a história de Lauren (Diane Lane, em seu primeiro papel), uma garota americana que mora na França com sua mãe e seu padrasto. Ela conhece Daniel (Thelonious Bernard), um garoto francês que costuma ir ao cinema para ficar distante do pai alcoólatra. Os dois encontram um gentil senhor, Julius (Laurence Olivier), que os encanta com as histórias que conta de sua vida. Quando a mãe de Lauren diz que eles terão que voltar para os Estados Unidos, o casal, com a ajuda de Julius, decide viajar para Veneza, na Itália. Eles querem se beijar embaixo da Ponte dos Suspiros, pois, diz a lenda, se um casal de amantes passeando de gôndola, se beijar sob essa ponte ao pôr-do-sol, seu amor durará para sempre. George Roy Hill conduz sua trama com delicadeza e simpatia e nos envolve com essa singela e inocente história de amor pré-adolescente. A bela trilha sonora, composta por Georges Delerue, ganhou o Oscar da categoria em 1980.

O ATAQUE DOS VERMES MALDITOS — TREMORS — EUA 1990

Direção: Ron Underwood

Elenco: Kevin Bacon, Fred Ward, Finn Carter, Victor Wong e Reba McIntire. Duração: 96 minutos. Distribuição: Universal.

A cidade de Perfeição tem apenas 14 habitantes e fica perdida no meio do nada. Tudo se resume a uma loja, que pertence a um chinês, e três ou quatro casas. Dois de seus moradores estão de partida, Valentine (Kevin Bacon) e Earl (Fred Ward). Com tanto lugar maior e melhor no planeta, foi justamente lá que surgiu um bando de minhocas gigantes. Elas vivem debaixo da terra, são atraídas por barulho e adoram carne humana. Longa de estreia do diretor Ron Underwood, *O Ataque dos Vermes Malditos* é um típico filme B, carregado de boas ideias e de muita criatividade. O título brasileiro é bem melhor que o original. Está mais no clima da história. Em inglês ele se chama *Tremors*, algo como "tremores" ou "vibrações". Em Portugal ele foi chamado de *Palpitações*. Bem romântico, não? Underwood realizou um filme de baixo orçamento e contou com um time de atores que nos dá a impressão de ter se divertido muito durante as filmagens. Os efeitos especiais são físicos, simples e eficientes, na época não existia a tecnologia digital. E o roteiro direto e bem amarrado, não perde tempo tentando explicar o que não precisa ser explicado, ou seja, a origem e a razão dos "agarróides", nome que é dado aos monstros. E pensar que tudo começou depois que um dos roteirista assistiu ao filme *Tubarão*, de Steven Spielberg, e teve a ideia de escrever uma história sobre "tubarões terrestres". *O Ataque dos Vermes Malditos* é assumidamente «B»: de bom, básico e bacana.

MONSTROS S. A.
MONSTERS, INC.
EUA 2001

Direção: Pete Docter, David Silverman e Lee Unkrich

Animação. Duração: 92 minutos. Distribuição: Buena Vista.

Estamos acostumados a obter energia a partir de usinas hidrelétricas, eólicas e nucleares. Em Monstrópolis é diferente. Lá eles possuem uma equipe bem treinada de profissionais cujo trabalho é assustar crianças para obter energia. E Sulley é o melhor nessa tarefa. Ele e seu inseparável assistente Mike trabalham em uma empresa que é a maior indústria de processamento de gritos de crianças. *Monstros S.A.*, animação da Pixar, conta essa história surreal que se complica ainda mais quando uma menina consegue sair do nosso mundo e entrar no mundo deles. Em uma primeira análise, é difícil acreditar que seja possível realizar um desenho que tenha como mote seres monstruosos que assustam crianças indefesas. Aí reside o desafio e a criatividade dos animadores da Pixar, um estúdio que sabe valorizar um bom roteiro sem esquecer do apuro técnico. Para não fugir de termos caros ao filme, é assombrosa a perfeição com que é mostrada a pele de Sulley, para ficar em apenas um exemplo. Inventivo e extremamente divertido, *Monstros S.A.* desenvolve bem suas personagens e sua trama e nos envolve e encanta da primeira à última cena.

À DERIVA
BRASIL 2009

Direção: Heitor Dhalia

Elenco: Vincent Cassel, Débora Bloch, Camilla Belle, Cauã Reymond, Gregório Duvivier e Laura Neiva. Duração: 102 minutos. Distribuição: Universal.

O sucesso mundial de *Cidade de Deus*, de Fernando Meirelles, tornou possível um acordo entre a Universal, poderoso estúdio americano, e a produtora O2 Filmes, de Meirelles. *À Deriva*, terceiro longa de Heitor Dhalia, é fruto dessa parceria. Diferente de seus dois primeiros filmes, *Nina* e *O Cheiro do Ralo*, que possuem uma estética mais autoral e independente, e segundo alguns bem machista, em *À Deriva*, Dhalia apresenta uma história mais luminosa e, em muitos aspectos original, ao tratar de um tema delicado como a descoberta da sexualidade. Estamos no início dos anos 1980, na bela e ensolarada região de Búzios, no litoral carioca. Acompanhamos uma temporada de férias da jovem Felipa, de 14 anos, vivida pela estreante Laura Neiva. Ela precisa lidar, simultaneamente, com duas grandes mudanças em sua vida. A primeira delas é íntima e pessoal e tem ligação com as transformações físicas de qualquer adolescente. A segunda diz respeito ao casamento de seus pais, Mathias (Vincent Cassel) e Clarice (Débora Bloch), que está por um fio. Em meio a tudo isso, Felipa tenta se encontrar, daí o título do filme. Dhalia, também autor do roteiro, conduz sua trama com carinho e delicadeza e extrai de todo o elenco desempenhos satisfatórios. A parte técnica também merece destaque, principalmente a acertada fotografia de Ricardo Della Rosa, que consegue passar o clima "anos 80" e capturar não só as belezas naturais do lugar como também as mudanças vividas pelas personagens.

O MENTIROSO
LIAR, LIAR
EUA 1997

Direção: Tom Shadyac

Elenco: Jim Carrey, Maura Tierney, Jennifer Tilly, Justin Cooper, Swoosie Kurtz e Cary Elwes Duração: 87 minutos. Distribuição: Universal.

Não se deixe enganar. *O Mentiroso* é muito mais que uma comédia com o "careteiro" Jim Carrey. Primeiro, o termo "careteiro" não faz jus ao talento desse comediante canadense. Carrey é um ator "físico", na melhor tradição de Jerry Lewis, por exemplo. Ele sabe como poucos utilizar seu corpo a favor do humor. Segundo, é muito mais difícil fazer comédia do que drama. E Jim Carrey se sai muito bem nos dois gêneros. Mas voltemos ao filme dirigido por Tom Shadyac. *O Mentiroso* conta a história de Fletcher Reede (Carrey), um advogado brilhante que sabe mentir como ninguém e utiliza esse "dom" em seu trabalho. O sucesso profissional teve um custo muito alto para ele. Acabou com seu casamento e o tem afastado do convívio com o filho. Justamente na véspera do dia mais importante de sua carreira, Fletcher não consegue participar da festinha de aniversário do filho. O menino, triste com a ausência do pai e cansado de suas desculpas, faz um pedido: que ele não consiga mentir por um dia inteiro. Shadyac imprime o ritmo certo para contar sua história e tem em Jim Carrey o ator perfeito para o papel. *O Mentiroso*, aparentemente, é uma comédia, muito engraçada por sinal. Porém, consegue tratar de outras questões mais sérias. Estão lá o eterno embate entre carreira e família. Por também ser um filme de tribunal, há uma discussão que envolve ética profissional e opções de conduta. Parece muita coisa para um filme de pouco mais de 80 minutos e que tem como meta principal fazer rir. E essa é a grande surpresa que ele nos reserva.

MILAGRE EM MILÃO
MIRACOLO A MILANO
ITÁLIA 1951

Direção: Vittorio De Sica

Elenco: Francesco Golisano, Anna Carena, Brunella Bovo, Guglielmo Barnabo e Emma Gramatica. Duração: 92 minutos. Distribuição: Versátil.

Milagre em Milão junto com *Ladrões de Bicicleta* e *Umberto D* forma o que poderíamos chamar de "trilogia neo realista" do diretor italiano Vittorio De Sica. Apesar do clima de conto de fadas, o filme abre com o clássico "era uma vez...", estamos diante de um forte drama social. Tudo começa quando um bebê é encontrado por uma senhora no meio de uma plantação de repolho. Ele recebe o nome de Totó e, ainda garoto, após a morte da mãe adotiva, é levado para um orfanato. Quando atinge a maior idade, Totó (Francesco Golisano) não tem mais onde morar e termina se abrigando junto com um grupo de mendigos em uma área de invasão nos arreadores de Milão. A narrativa ganha contornos fantásticos quando é descoberto petróleo naquela região, o que desperta a ganância do poderoso senhor Mobbi (Guglielmo Barnabo), que manda soldados expulsar as pessoas do lugar. Totó recebe a visita do espírito de sua mãe e ganha dela uma pomba mágica que torna todos os seus desejos em realidade. Mesmo com todos esses elementos incomuns ao cinema neo realista, De Sica faz de *Milagre em Milão* uma grande metáfora da Itália pós guerra ao mostrar pessoas vivendo de maneira miserável e sem esperança alguma. Com bastante humor, porém, sem deixar de tocar na ferida, o diretor mostra que o grande inimigo, representado por Mobbi, é o capitalismo desumano que não consegue enxergar as dificuldades enfrentadas pelo povo mais humilde. Mas não pense com isso que De Vica é "bonzinho" com os menos afortunados. Em um determinado momento fica claro que o que falta muitas vezes é um senso coletivo mais apurado.

O BARATO DE GRACE
SAVING GRACE
INGLATERRA 2000

Direção: Nigel Cole

Elenco: Brenda Blethyn, Craig Ferguson, Martin Clunes, Tchéky Karyo, Jamie Foreman e Bill Bailey. Duração: 94 minutos. Distribuição: Europa.

Os ingleses têm um humor peculiar. Sem escatologia e sem pastelão. A graça surge das coisas simples do cotidiano. É corrosivo sempre, porém, carregado de inteligência e sutileza. Em *O Barato de Grace* acompanhamos o drama da jardineira Grace Trevethen (Brenda Blethyn). Como se não bastasse ter ficado viúva, ela descobre que o falecido lhe deixou como herança um punhado de dívidas. Uma série de circunstâncias faz com que Grace venha a cuidar, em sua estufa, de um frágil pé de maconha. A partir daí, utilizando seus vastos conhecimentos de jardinagem, ela "salva" a plantinha, aumenta sua produção e constata que não basta plantar, é preciso vender a mercadoria. O grande "barato" do filme, além do roteiro, reside na escalação do elenco, em especial a fantástica atriz principal. A trama lida com um tema que vem sempre cercado de bastante polêmica, mas o diretor Nigel Cole soube conduzi-lo com o tom certo. O roteiro, co-escrito pelo ator Craig Ferguson, que interpreta Matthew, o ajudante-sócio de Grace, em momento algum faz apologia à maconha. Duas curiosidades: 1) Os pés de *canabis sativa* mostrados no filme são verdadeiros. Os produtores conseguiram uma autorização especial do governo britânico, que manteve vigilância constante durante as filmagens para que as plantas não fossem consumidas pelo elenco. 2) Em Portugal o filme ganhou o espirituoso título de *Jardim da Alegria*.

UM SÉCULO EM 43 MINUTOS
TIME AFTER TIME
EUA 1979

Direção: Nicholas Meyer

Elenco: Malcolm McDowell, David Warner, Mary Steenburgen, Corey Feldman, Charles Cioffi, Kent Williams e Patti D'Arbanville. Duração: 112 minutos. Distribuição: Warner.

Karl Alexander escreveu um livro chamado *Time After Time*. Talvez tenha sido o primeiro a inserir personagens reais em um contexto ficcional. A trama criada por ele começa em Londres, no final do Século XIX. Somos apresentados a H.G. Wells, um cientista-inventor da máquina do tempo. Um de seus amigos, um médico, é na verdade Jack, o estripador. Para fugir da polícia, ele entra na máquina e viaja para o futuro, mais precisamente para San Francisco, no ano de 1979. Wells decide então fazer o mesmo percurso para capturar o criminoso. A versão para cinema do livro de Alexander foi realizada pelo diretor e roteirista Nicholas Meyer. *Um Século em 43 Minutos* é uma pérola da ficção-científica. O título brasileiro do filme, bem melhor que o original, faz menção à velocidade da viagem, algo em torno de 28 meses por minuto. Foi o primeiro trabalho nos Estados Unidos do ator Malcolm McDowell, que até aquele momento era mais conhecido por dois papéis marcantes: o Alex de *Laranja Mecânica* e *Calígula*. Aqui ele interpreta o herói e se sai muito bem. Mesmo passado tanto tempo de sua realização, o filme "envelheceu" bem e mantém vivo seu encanto. Os efeitos especiais podem até estar um pouco datados, mas a criatividade do roteiro, a direção inspirada de Meyer e as atuações precisas de McDowell e de David Warner, no papel de Jack, estão intactos. Diversão garantida para aqueles que gostam de uma boa aventura.

À ESPERA DE UM MILAGRE
THE GREEN MILE
EUA 1999

Direção: Frank Darabont

Elenco: Tom Hanks, David Morse, Bonnie Hunt, Michael Clarke Duncan, James Cromwell, Michael Jeter, Graham Greene, Doug Hutchison, Sam Rockwell, Barry Pepper, Patricia Clarkson e Harry Dean Stanton. Duração: 188 minutos. Distribuição: Warner.

No início da carreira, o diretor e roteirista Frank Darabont parecia ter descoberto um nicho de mercado dos mais inusitados: filme de prisão adaptado de obra de Stephen King. Seu primeiro trabalho foi o espetacular *Um Sonho de Liberdade*. E o segundo foi este *À Espera de Um Milagre*. O título original, *The Green Mile* (a milha verde), se refere ao corredor da morte. A história se passa em meados dos anos 1930 e é contada em *flashback* pela personagem Paul Edgecomb (Tom Hanks). Ele narra eventos fantásticos que ocorreram na penitenciária de Cold Mountain a partir da prisão de John Coffey (Michael Clarke Duncan), um prisioneiro gigante e com poderes sobrenaturais, condenado pela morte de duas meninas. Darabont, assim como em seu filme anterior, trabalha novamente com um grande elenco, nos dois sentidos. Com pouco mais de três horas de duração, não sentimos o tempo passar. O roteiro e a direção impecáveis de Darabont, aliados ao desempenho afinado e fabuloso de todo o elenco fazem de *À Espera de Um Milagre* um daqueles raros filmes que são como um bom vinho, que melhora cada vez mais com o passar do tempo. Apesar do caráter surreal da trama, nada parece ilógico ou fora do lugar. A magia dessa história nos envolve completamente. Compaixão, amizade e redenção. É bom pegar um caixa de lenços de papel. Em tempo: Trinta ratinhos foram utilizados para "interpretar" o Mister Jingles.

OS PICARETAS
BOWFINGER — EUA 1999

Direção: Frank Oz

Elenco: Steve Martin, Eddie Murphy, Heather Graham, Christine Baranski, Jamie Kennedy, Robert Downey Jr. e Terence Stamp. Duração: 96 minutos. Distribuição: Universal.

Existem filmes clássicos e cultuados como *A Noite Americana*, de François Truffaut, *O Jogador*, de Robert Altman e *Crepúsculo dos Deuses*, de Billy Wilder, que falam sobre os bastidores da indústria e da produção cinematográfica. E existe *Os Picaretas*, uma engraçadíssima comédia de Frank Oz que mostra as agruras de um diretor-produtor independente, Bobby Bowfinger, interpretado por Steve Martin (também autor do roteiro), que sonha realizar um filme com o maior astro de Hollywood. Para tanto, ele precisa convencer Kit Ramsey (Eddie Murphy) a aceitar o papel principal em seu filme. Bowfinger estabelece um novo padrão para produções de baixo orçamento e reside aí algumas das sequências mais criativas e divertidas da trama. *Os Picaretas* consegue fugir das fórmulas esquemáticas que acometem boa parte das comédias americanas das últimas décadas. O entrosamento de todo o elenco é visível, sinal de que eles devem ter se divertido bastante durante as filmagens. Assim como nós nos divertindo vendo o filme pronto. Uma dica: veja até o final dos créditos.

CAIU DO CÉU
MILLIONS
INGLATERRA 2004

Direção: Danny Boyle

Elenco: Alex Etel, Lewis Owen McGibbon, James Nesbitt, Daisy Donovan, Christopher Fulford, Pearce Quigley, Jane Hogarth, Alun Armstrong, Enzo Cilenti e Nasser Memarzia. Duração: 95 minutos. Distribuição: PlayArte.

Quem, em algum momento da vida, não desejou encontrar uma bolsa cheia de dinheiro? Isso acontece com os irmãos Damian (Alex Etel) e Anthony (Lewis Owen McGibbon), de 7 e 9 anos, respectivamente, no filme *Caiu do Céu*. Os dois se mudam para o interior acompanhando o pai viúvo. O irmão mais velho já age como um adulto. O caçula é obcecado por santos, sabe tudo sobre eles, consegue vê-los pelos cômodos da casa e até conversa com eles. Na trama, o país está prestes a ter sua moeda substituída pelo Euro. Sabendo disso, um grupo de criminosos assalta um trem que transporta libras esterlinas que serão incineradas. Um detalhe: o dinheiro precisará ser gasto em muito pouco tempo, antes da mudança da moeda. Um dos sacos de dinheiro termina caindo do trem em cima de uma casinha de papelão onde Damian costuma rezar. Damian quer doar o dinheiro para caridade. Anthony, mais pragmático e capitalista, quer investir a grana no mercado de imóveis. O diretor Danny Boyle conta sua história como se fosse uma fábula, fazendo uso de recursos "mágicos" e "santificados", além de trabalhar com atores pouco conhecidos, mas talentosos, principalmente o menino que interpreta Damian. A história é envolvente e ingênua, sem cair na pieguice ou no sarcasmo. Se você conhece a obra de Doyle, duas curiosidades: 1) A bolsa cheia de dinheiro remete ao seu primeiro filme, *Cova Rasa*, que lida com isso também, porém, com condução e desfecho bem diferentes; 2) Em certo momento de *Caiu do Céu*, os irmãos assistem ao programa *Quem Quer Ser Um Milionário?*, que um pouco mais tarde viria a ser o tema de seu filme mais premiado.

O VENTO SERÁ TUA HERANÇA
INHERIT THE WIND
EUA 1960

Direção: Stanley Kramer

Elenco: Spencer Tracy, Fredric March, Gene Kelly, Dick York, Donna Anderson, Harry Morgan, Claude Akins e Elliott Reid. **Duração:** 128 minutos. **Distribuição:** Fox.

Dirigido por Stanley Kramer em 1960, *O Vento Será Tua Herança* tem roteiro assinado por Nathan E. Douglas e Harold Jacob Smith, adaptado da peça de Jerome Lawrence e Robert E. Lee. A peça, por sua vez, foi inspirada em um fato real conhecido como o "Processo do Macaco de Scopes", que aconteceu em 1925 no estado americano do Tennessee. Lá, um professor de biologia foi julgado por ensinar a Teoria da Evolução das Espécies de Charles Darwin em uma escola pública. O filme começa com o professor sendo preso e o caso ganhando repercussão nacional. A pequena cidade de Hillsboro se transforma no palco de um grande confronto de ideias. De um lado, o advogado Henry Drummond (Spencer Tracy), defensor do evolucionismo. Do outro, o promotor fundamentalista Matthew Harrison Brady (Fredric March), que defende o criacionismo. Um filme de tribunal dos bons, com dois grandes atores no auge da forma e com um roteiro ágil e repleto de diálogos inteligentes e bem fundamentados na argumentação de seus pontos-de-vista. Em tempo: O título original, assim como a bela tradução nacional, faz referência a um provérbio do Livro de Eclesiastes.

SIMPLESMENTE MARTHA
BELLA MARTHA
ALEMANHA 2001

Direção: Sandra Nettelbeck

Elenco: Martina Gedeck, Sergio Castellito, Maxine Foerste, Ulrich Thomsen, Sibylle Canonica e August Zirner. Duração: 106 minutos. Distribuição: Paramount.

A comédia romântica talvez seja o gênero cinematográfico mais suscetível aos clichês. Principalmente, quando o mote da trama remete ao clássico "os opostos se atraem". Em *Simplesmente Martha* não é diferente. Neste filme, somos apresentados a Martha Klein (Martina Gedeck), uma *chef* de cozinha alemã, metódica, precisa e implacável que tem sua rotina modifica com a chegada de uma sobrinha, Lina (Maxine Foerste). A menina, de oito anos, fica sob a guarda dela depois da morte da mãe. Martha não tem o que convencionamos chamar de "vida social". Tudo em sua vida gira em torno do trabalho. Para complicar ainda mais as coisas, aparece Mario (Sergio Castellito), um cozinheiro italiano que vai trabalhar no restaurante. Como todo latino, Mario é extrovertido, irreverente e apaixonado por tudo que o rodeia. Pronto. É clichê por cima de clichê. Mas, quem disse que clichês são ruins? Eles fazem parte de qualquer narrativa e podem ser utilizados para o bem de uma história. É o que acontece neste filme escrito e dirigido por Sandra Nettelbeck. Como em qualquer cozinha ou história, tudo gira em torno de saber misturar corretamente os ingredientes. Em tempo: existe uma versão americana dessa mesma história. *Sem Reservas*, dirigida por Scott Hicks e estrelada por Catherine Zeta-Jones, Aaron Eckhart e Abigail Breslin.

JUSTIÇA CEGA
INTERNAL AFFAIRS
EUA 1990

Direção: Mike Figgs

Elenco: Richard Gere, Andy Garcia, Laurie Metcalf, Nancy Travis, William Baldwin, Richard Braford e Annabella Sciorra. Duração: 115 minutos. Distribuição: Paramount.

Nunca consegui entender a razão do título brasileiro para *Internal Affairs*. A expressão poderia ser traduzida ao pé da letra como "assuntos internos". No filme se refere à "corregedoria" da polícia, que investiga a ação de policiais corruptos. Nesse ponto, o título português, *Ligações Sujas*, consegue ser mais fiel ao original. Na trama, acompanhamos a rotina de Dennis Peck, interpretado muito à vontade por Richard Gere. Ele é aquele tipo de policial que conhece bem a lei e sabe burlá-la como poucos. Andy Garcia vive Raymond Avila, um investigador que tem como missão colher provas para levar Peck para trás das grades. Desde o primeiro encontro dos dois, se estabelece um clima de múltiplas tensões: física, psicológica e sexual. Peck é um manipulador nato e tem o "dom" da palavra. Avila é competente, porém, ansioso e inseguro. O diretor Mike Figgis conduz este policial com mão firme e encontra na dupla principal de atores a chave para contar sua história. *Justiça Cega* foi realizado em 1990, mas parece um daqueles bons policiais dos anos 1970.

TALKING HEADS - STOP MAKING SENSE

STOP MAKING SENSE

EUA 1984

Direção: Jonathan Demme

Elenco: Talking Heads (David Byrne, Tina Weymouth, Chris Frantz e Jerry Harrison). Duração: 85 minutos. Distribuição: Coqueiro Verde.

Formada em Nova York, em 1974, a banda de rock *Talking Heads* marcou a cena musical da segunda metade dos anos 1970 até o final dos anos 1980. Era composta por David Byrne (vocais), Tina Weymouth (baixo), Chris Frantz (bateria) e Jerry Harrison (guitarra e teclados). Quando do lançamento de seu sexto álbum, *Speaking in Tongues*, a banda bancou do próprio bolso a produção desse filme-concerto, que foi gravado ao longo de três apresentações do grupo no Hollywood's Pantages Theater, em Los Angeles, em dezembro de 1983. O filme foi realizado no momento em que o *Talking Heads* se transformava no "*Talking Heads*". Na direção, Jonathan Demme, antes de se transformar no premiado "Jonathan Demme", diretor de *O Silêncio dos Inocentes* e *Filadélfia*. Foi a primeira produção a utilizar inteiramente um sistema de gravação de áudio digital. A concepção do show segue um crescendo. Começa com David Byrne, sozinho com um violão, cantando *Psycho Killer*. Na segunda música aparece a baixista e assim sucessivamente até termos uma super-banda no palco. Com um cenário bem simples e uma presença cênica elétrica de Byrne, a câmera de Demme não deixa de registrar nenhum detalhe. Destaque especial para sequência em que o vocalista aparece vestindo um terno três vezes maior que seu corpo. Ele canta *Girlfriend is Better*, música que tem a frase que deu origem ao título do filme. *Stop Making Sense* é uma grande celebração. Com o bônus adicional de capturar em imagens e sons o auge criativo de uma banda. Imperdível para quem gosta de bom cinema e de boa música.

BICHO DE SETE CABEÇAS
BRASIL 2001

Direção: Laís Bodanzky

Elenco: Rodrigo Santoro, Othon Bastos, Cássia Kiss, Luís Miranda, Jairo Mattos, Caco Ciocler e Gero Camilo. **Duração:** 74 minutos. **Distribuição:** Sony.

Primeiro longa da diretora Laís Bodanzky e do ator Rodrigo Santoro. Baseado no livro autobiográfico *Canto dos Malditos*, de Austregésilo Carrano Bueno. Conta a história de Neto (Santoro), um jovem que é internado em um hospital psiquiátrico, após seu pai (Othon Bastos) encontrar um cigarro de maconha no bolso do casaco do filho. A vida de Neto no hospício se transforma então em uma viagem ao inferno. Laís Bodanzky, junto com seu marido, o roteirista Luiz Bolognesi, a partir dessa relação conturbada entre pai e filho, discute o problema das drogas e a forma como são tratados os doentes mentais em boa parte dos manicômios brasileiros. O que existe, antes de tudo, é o clássico conflito de gerações. Neto é igual a qualquer outro jovem de uma cidade grande. O pai, por sua vez, não entende algumas atitudes do filho, como por exemplo, usar brinco e pichar muros. Os dois raramente conversam e o cigarro de maconha encontrado é a gota d'água que faltava para justificar todos os temores do pai. Com sensibilidade, humanidade e uma condução quase documental, no sentido em que passa uma veracidade bem palpável, *Bicho de Sete Cabeças* toca em uma ferida cada vez mais presente no dia-a-dia de inúmeras famílias. E tem a inteligência de não ser moralista nem panfletário. Nunca perdendo o foco da jornada vivida por Neto. O filme, historicamente, marca o surgimento de uma grande diretora e de um grande ator.

BABE - O PORQUINHO ATRAPALHADO
BABE
AUSTRÁLIA 1995

Direção: Chris Noonan

Elenco: James Cromwell e Magda Szubanski. Duração: 94 minutos. Distribuição: Universal.

A fazenda do sr. Hoggett (James Cromwell) é um lugar muito estranho. Parece que lá ninguém está muito satisfeito com a própria condição. Tem um pato que finge ser um galo e um porco que sonha se tornar um cão pastor. Baseado no livro infantil *The Sheep Pig*, escrito por Dick King-Smith, *Babe - O Porquinho Atrapalhado* foi produzido por George Miller, diretor da série *Mad Max*. Miller já detinha os direitos da obra há bastante tempo, mas segurou a produção por não existir na época tecnologia que permitisse criar o efeito de fala dos animais. Quando surgiu uma nova técnica de efeitos especiais digitais, na primeira metade dos anos 1990, ele convidou o amigo Chris Noonan para dirigir o filme. Com uma história cativante, personagens carismáticos, bem escrita e dirigida, *Babe* é um filme especial. E o melhor: não tem contra-indicação. Preste atenção na sequência em que o pato Ferdinando diz que "Natal é carnificina". Impagável e imperdível. "Arrasou porco".

A SUPREMACIA BOURNE
THE BOURNE SUPREMACY
EUA 2004

Direção: Paul Greengrass

Elenco: Matt Damon, Franka Potente, Brian Cox, Julia Stiles, Karl Urban, Gabriel Mann, Joan Allen, Marton Csokas, Tom Gallop e John Bedford Lloyd. Duração: 108 minutos. Distribuição: Universal.

Os filmes de espionagem serão eternamente gratos a Jason Bourne. Quando o primeiro filme, *A Identidade Bourne*, dirigido por Doug Liman foi lançado, em 2002, o mundo conheceu um novo tipo de herói e o gênero ganhou ritmo e fôlego novos. Interpretado na medida certa por Matt Damon, a personagem do agente desmemoriado criada por Robert Ludlum que após sobreviver a uma tentativa de assassinato, volta do mundo dos "mortos" para se vingar e descobrir sua verdadeira identidade. *A Supremacia Bourne*, segundo filme da série, marca a estreia do diretor Paul Greengrass como condutor da ação. O melhor é que tudo de bom que foi apresentado no primeiro filme, não só foi mantido como ganhou alguns novos elementos, principalmente no ritmo. Greengrass impôs uma estrutura dinâmica e quase documental com uma câmara nervosa e "colada" no ombro de Jason Bourne. A trama começa na Índia, onde Bourne vive agora junto com a namorada Marie (Franka Potente). O breve período de tranquilidade é quebrado por Kirill (Karl Urban), um assassino russo que quebra essa paz momentânea. Com uma direção criativa, um roteiro ágil (novamente escrito por Tony Gilroy), uma montagem frenética a cargo da dupla Richard Pearson e Christopher Rouse e um elenco mais que convincente fazem de *A Supremacia Bourne* algo mais que uma simples continuação.

A FORTUNA DE NED
WAKING NED DEVINE
INGLATERRA 1998

Direção: Kirk Jones

Elenco: Ian Bannen, David Kelly, Fionulla Flanagan, Susan Lynch, James Nesbitt, Maura O'Malley, James Ryland, Kitty Fitzgerald, Anne Bancroft e Robert Hickey. Duração: 91 minutos. Distribuição: Fox.

Ned Devine é um cara de sorte que vive em uma pacata vila do interior da Irlanda. Sua sorte é tanta que ele ganha sozinho o prêmio da loteria. A surpresa e a emoção são tão fortes que Ned morre de um ataque cardíaco ao saber do resultado. Seu corpo é encontrado por dois velhos amigos seus que bolam um plano mirabolante para ficar com o prêmio. Porém, com a chegada de um fiscal da loteria, boa parte dos moradores da vila se une em um pacto para convencer a todos que Ned ainda está vivo. Escrita e dirigida por Kirk Jones, *A Fortuna de Ned* é mais uma excelente comédia inglesa. Daquelas que pegam um fato comum do cotidiano e conseguem extrair um humor inteligente e sem apelações. Um filme que nos diverte e deixa aquela sensação de bem-estar. Contribuem para isso, além do roteiro enxuto e da direção ágil, um elenco de atores impecáveis e que atuam no ritmo certo. No final, terminamos nós também contemplados com parte dessa fortuna. Descanse em paz Ned e obrigado por tudo.

ANJOS DE CARA SUJA
ANGELS WITH DIRTY FACES
EUA 1938

Direção: Michael Curtiz

Elenco: James Cagney, Humphrey Bogart, Pat O'Brien, George Bancroft, Ann Sheridan e Billy Halop. Duração: 97 minutos. Distribuição: Warner.

A Hollywood dos anos 1930 produziu filmes bem peculiares. Os americanos enfrentavam uma grande crise econômica. Enquanto a MGM fornecia um escape com os musicais, a Warner procurava retratar a realidade com os filmes de gângsters. *Anjos de Cara Suja*, dirigido em 1938 por Michael Curtiz foi um dos primeiros, senão o primeiro, a não jogar toda a culpa no bandido. O próprio título já resume bem as circunstâncias. De temática social, o filme mostra que muitas vezes o meio modifica as pessoas. Rocky Sullivan, vivido com a energia costumeira de James Cagney, é mais vítima do que algoz. Aqui temos dois amigos de infância, Rocky e Jerry, que cresceram juntos no bairro Cozinha do Inferno, em Nova York. Mais tarde, eles foram mandados para um reformatório. Já adultos, tomaram rumos opostos na vida. Rocky virou um criminoso e Jerry (Pat O'Brien) virou padre. Completa o trio principal o advogado corrupto interpretado por Humphrey Bogart. Curtiz sempre foi um diretor versátil e seguro. Em *Anjos de Cara Suja* ele discute questões relevantes em um tipo de filme que comumente se resume à troca de tiros entre mocinhos e bandidos. O mundo retratado pelo diretor não é só preto e branco. Existem também muitos tons de cinza.

HAIR
HAIR — EUA 1979

Direção: Milos Forman

Elenco: John Savage, Treat Williams, Beverly D'Angelo, Nicholas Ray, Annie Golden, Dorsey Wright e Richard Bright. **Duração:** 121 minutos. **Distribuição:** Fox.

"Quando a Lua estiver na sétima casa e Júpiter se alinhar com Marte. Então a paz guiará os planetas e o amor misturará as estrelas. Esse é o amanhecer da era de Aquarius". Parece papo de bicho-grilo, não? São os versos da canção-tema de *Hair*, cultuado musical da Broadway dos anos 1960, adaptado para o cinema por Milos Forman, em 1979. Tudo começa com o jovem Claude Hooper Bukowski (John Savage) chegando à Nova Iorque. Ele vem do interior de Oklahoma para se alistar no Exército e lutar no Vietnã. Termina conhecendo um grupo de *hippies* liderado por Berger (Treat Williams), de quem fica amigo. Ele também conhece Sheila (Beverly D'Angelo), por quem se apaixona. *Hair* é antes de tudo um defensor da máxima "faça amor, não faça a guerra". Sua vocação é inteiramente pacifista. Com uma trilha sonora impecável, fica difícil resistir ao convite para cantar junto. O elenco, muito bem escalado, consegue transmitir todo o sentimento necessário. E os figurinos e as coreografias estão perfeitos. Preste atenção, bem no começo do filme, em uma cena no *Central Park* . Até os cavalos dançam! E ainda não existia a tecnologia de imagem gerada por computador na época em que o filme foi feito. Milos Forman, natural da República Tcheca, em seu segundo filme americano, resgata um período de transformações. Um momento em que os Estados Unidos perderam sua inocência. Uma lampejo de lucidez de um grupo que pregava "paz e amor" contra um governo bélico e reacionário. *Hair* é uma viagem, com todas as conotações que o termo permite. Não deixe de embarcar.

MISSISSIPI EM CHAMAS
MISSISSIPI BURNING
EUA 1988

Direção: Alan Parker

Elenco: Gene Hackman, Willem Dafoe, Frances McDormand, Brad Dourif, R. Lee Ermey, Gailard Sartain, Stephen Tobolowsky, Michael Rooker e Kevin Dunn. Duração: 127 minutos. Distribuição: Fox.

Sem maiores rodeios, *Mississipi em Chamas* começa mostrando dois bebebouros bem diferentes. Um para "brancos" e outro para pessoas "de cor". Depois, vemos três ativistas defensores dos direitos civis sendo emboscados em uma estrada. O sumiço deles provoca uma das maiores investigações da história dos Estados Unidos. Dois agentes do FBI são designados para conduzir os trabalhos: Alan Ward (Willem Dafoe) e Rupert Anderson (Gene Hackman). O primeiro só age de acordo com o manual de instruções. O segundo, mais pragmático, costuma seguir seu instinto. Junte preconceito racial, fanatismo religioso, estagnação econômica e atraso cultural em um mesmo caldeirão. Este é o cenário tenso e explosivo de *Mississipi em Chamas*, filme dirigido pelo inglês Alan Parker. O roteiro de Chris Gerolmo, inspirado em fatos reais ocorridos na primeira metade dos anos 1960, não deixa espaço para amenidades. Tudo é seco e direto. Quente e sufocante. Sem embromações e sem máscaras. A vigorosa direção de Parker e o desempenho soberbo de todo o elenco, fazem deste filme um dos mais contundentes a discutir a questão racial no cinema americano. Em uma palavra: imperdível.

O SENHOR DOS ANÉIS - A SOCIEDADE DO ANEL
THE LORD OF THE RINGS: THE FELLOWSHIP OF THE RING

NOVA ZELÂNDIA/EUA 2001

Direção: Peter Jackson

Elenco: Elijah Wood, Viggo Mortensen, Ian McKellen, Liv Tyler, Sean Astin, Cate Blanchett, John Rhys-Davies, Orlando Bloom, Sean Bean, Billy Boyd, Dominic Monaghan, Hugo Weaving, Ian Holm e Christopher Lee. Duração: 178 minutos. Distribuição: Warner.

A aposta da New Line, subsidiária da Warner, ao contratar o neozelandês Peter Jackson para escrever, produzir e dirigir a adaptação da obra de J.R.R. Tolkien talvez tenha sido a mais ousada da história de Hollywood. Até aquele momento, Jackson era pouco conhecido, tinha feito apenas quatro filmes, dois deles verdadeiras pérolas *trash*. Duas decisões tomadas pelos produtores se revelaram acertadas e arriscadas ao mesmo tempo. Decisão um: ao invés de fazer um filme de cada vez, optou-se, para baratear os custos, filmar os três de uma vez. Decisão dois: toda a produção seria concentrada na Nova Zelândia, o cenário natural perfeito para retratar a Terra Média. Entre pré-produção, produção e pós-produção, foram consumidos sete anos e, desde o início, o risco maior residia justamente no primeiro filme, *A Sociedade do Anel*. Se tudo funcionasse e o público aprovasse, o caminho estaria pavimentado para o sucesso dos outros dois filmes que compõem a trilogia. Se acontecesse o contrário, a New Line fecharia suas portas e teríamos o maior fracasso cinematográfico de todos os tempos. A aposta foi arriscada, mas tudo deu certo e a sétima arte ganhou uma de suas maiores e melhores sagas de fantasia. Nesta primeira parte as personagens são apresentadas e a jornada para destruir o um anel é iniciada. Peter Jackson conta sua história com uma paixão que salta aos olhos. A escolha do elenco, peça fundamental nesse tipo de projeto, foi das mais acertadas. E completando o tripé, a Weta, empresa de efeitos especiais do diretor, utilizou a mais moderna tecnologia disponível e criou novos programas para ajudar Jackson nessa empreitada. Em *A Sociedade do Anel* um mundo inteiramente novo nos é mostrado pela primeira vez. Para que a mágica funcionasse era preciso que acreditássemos neste mundo e em suas personagens. E é aí que reside a força do filme.

O AVIADOR
THE AVIATOR
EUA 2004

Direção: Martin Scorsese

Elenco: Leonardo DiCaprio, Cate Blanchett, Kate Beckinsale, John C. Reilly, Alec Baldwin, Alan Alda, Ian Holm, Danny Huston, Gwen Stefani e Jude Law. **Duração:** 170 minutos. **Distribuição:** Warner.

Martin Scorsese é um diretor que sempre viveu à margem de Hollywood. Dono de uma filmografia ímpar, suas obras retratam, com raras exceções, um universo bem particular. Mas ele tinha um sonho: ganhar um Oscar. Quando surgiu a oportunidade de realizar um filme que concretizasse esse desejo, Scorsese não pensou duas vezes. *O Aviador* é o trabalho mais hollywoodiano que ele dirigiu. E não pense que isso seja depreciativo. Pelo contrário. Trata-se de um filme tipicamente hollywoodiano. Porém, dirigido por Martin Scorsese. E isso faz toda a diferença. O aviador do título é Howard Hughes, um dos homens mais impressionantes do século XX. Industrial, produtor de cinema, inventor e empreendedor, ele teve uma vida marcante, principalmente entre os anos 1920 e 1940, período mostrado no filme. Hughes é interpretado de maneira intensa e apaixonada por Leonardo DiCaprio. O elenco de apoio não fica atrás, mas, DiCaprio está presente em mais de 90% das cenas e isso requer uma entrega e um domínio total do ator. Scorsese conta sua história em tons épicos e se utiliza de uma produção generosa e caprichada. Apesar de durar quase três horas, não sentimos o tempo passar. Na época de seu lançamento, todos acreditavam que o diretor finalmente ganharia seu Oscar. Na verdade, naquele ano *O Aviador* era o filme que mais tinha a "cara" do Oscar. Ganhou em cinco categorias: Cenografia, Figurino, Fotografia, Montagem e Atriz Coadjuvante (para Cate Blanchett, que faz o papel de Katharine Hepburn). Scorsese teve que esperar até o filme seguinte, *Os Infiltrados*, para ganhar o seu.

O HOMEM INVISÍVEL
THE INVISIBLE MAN
EUA 1933

Direção: James Whale
Elenco: Claude Rains, Gloria Stuart, William Harrigan, Henry Travers e Una O'Connor.
Duração: 71 minutos. Distribuição: Universal.

Nos início dos anos 1930, a Universal produziu uma série de filmes de terror com monstros clássicos da literatura. Dentre eles, *O Homem Invisível*, baseado no livro de H.G. Wells. Dirigido por um dos mestres do gênero na época, o inglês James Whale, o filme conta a história de Jack Griffin (Claude Rains), que chega em uma pequena vila do interior com o objetivo de concluir suas pesquisas científicas. Ele criou uma fórmula que o tornou invisível e agora busca criar um antídoto. O soro provoca um efeito colateral. Ele, aos poucos, começa a enlouquecer. *O Homem Invisível* é um filme que envelheceu bem. Os efeitos especiais continuam legais e o roteiro, escrito por R.C. Sherriff, faz questionamentos pertinentes e discute situações bem pontuais que envolveriam uma pessoa que ficasse invisível. Uma curiosidade: A personagem Flora é vivida pela atriz Gloria Stuart, em começo de carreira. Hoje ela é mais conhecida como a Rose velha de *Titanic*, de James Cameron.

ZATOICHI
ZATOICHI
JAPÃO 2003

Direção: Kakeshi Kitano

Elenco: Takeshi Kitano, Tadanobu Asano, Michiyo Ookusu, Gadarukanaru Taka, Daigorô Tachibana, Yuuko Daike, Yui Natsukawa, Ittoku Kishibe, Saburo Ishikura e Kohji Miura. **Duração:** 116 minutos. **Distribuição:** Buena Vista.

As histórias do espadachim cego criado por Kan Shimosawa, tiveram muitas adaptações para o cinema e televisão. A melhor delas, *Zatoichi*, de 2003, foi roteirizada, dirigida e interpretada pelo cineasta Takeshi Kitano. Tudo se passa no século XIX. Zaitochi é um nômade que ganha a vida jogando e fazendo massagens. Ao chegar em uma pequena aldeia ele se depara com um grupo de humildes camponeses oprimidos por uma gangue sangrenta. Ao tomar o partido dos mais fracos, ele utiliza toda a sua habilidade com a espada para defendê-los. Kitano capricha na coreografia das cenas de luta e imprime um humor quase infantil, mas que funciona muito bem. Além disso, coexistem com a trama maior algumas subtramas bem interessantes. Mesclando sequências de ação com outras de puro lirismo, Kitano ainda nos reserva um divertido e inusitado número musical de sapateado oriental no final do filme. E, de quebra, bem no finalzinho da história, nos revela uma grande surpresa.

ECLIPSE MORTAL
PITCH BLACK
EUA 2000

Direção: David Twohy

Elenco: Vin Diesel, Radha Mitchell, Cole Hauser, Keith David, Lewis Fitz-Gerald e Claudia Black. Duração: 110 minutos. Distribuição: Universal.

Existe um ditado que diz: "em terra de cego, quem tem um olho é rei". Dito isso, convém esclarecer que *Eclipse Mortal*, filme de terror, suspense e ficção-científica dirigido por David Twohy não é nada original. Na trama, acompanhamos uma nave espacial que transporta um criminoso, Riddick (Vin Diesel). Ela se choca com uma chuva de meteoros e faz um pouso forçado em um estranho planeta. Para piorar as coisas, o planeta está mergulhado em escuridão completa, daí o título original, *pitch black*, que em bom português significa "breu". Um eclipse raro que acontece a cada 22 anos. Ah! Esqueci de dizer que os habitantes do lugar, sensíveis à luz, atacam suas presas bem nesse período. Nada de novo até aqui, certo? Você já deve ter visto situações parecidas em muitos outros filmes. O que torna *Eclipse Mortal* interessante? 1) ele não pretende ser mais do que é; 2) se assume como um filme *trash* ou B; 3) não é maniqueísta, ninguém é inteiramente bonzinho no grupo de sobreviventes, todos têm algum tipo de problema; 4) a direção é segurança e criativa e 5) a fotografia é de tirar o fôlego. Boa diversão.

VERA CRUZ
VERA CRUZ
EUA 1954

Direção: Robert Aldrich

Elenco: Burt Lancaster, Gary Cooper, Charles Bronson, Denise Darcel, Cesar Romero, George Macready, Ernest Borgnine e Sarita Montiel. **Duração:** 94 minutos. **Distribuição:** PlayArte.

Robert Aldrich sempre foi um diretor versátil e extremamente competente. Seus filmes, carregados de uma fúria quase que incontrolável, mostram o homem em eterno conflito, seja com ele mesmo, com a natureza ou com outros homens. E não é diferente em *Vera Cruz*. Estamos no México, em 1866, depois da Guerra Civil Americana. Benjamin Trane (Gary Cooper), um ex-soldado americano e Joe Erin (Burt Lancaster), um pistoleiro, são contratados pelo imperador Maximiliano (George Macready) para escoltar uma condessa Marie Duvarre (Denise Darcel) em uma viagem pelo território mexicano até o porto de Vera Cruz. Eles descobrem que a carruagem leva escondido uma fortuna em ouro e planejam roubá-lo. Aldrich não é um diretor de meias palavras. Seu cinema é direto, violento e cheio de humor. A dupla principal, Cooper e Lancaster, perfeitos em seus papéis, são, ao mesmo tempo, amigos e inimigos. E isso determina sobremaneira o ritmo e a essência deste filme repleto de cobiças e traições. Uma pequena joia do faroeste que merece ser descoberta.

LINHA DE PASSE
BRASIL 2008

Direção: Walter Salles Jr. e Daniela Thomas.

Elenco: Sandra Corveloni, Vinicius de Oliveira, João Baldasserini, José Geraldo Rodrigues, Kaique de Jesus Santos e Roberto Audi. Duração: 113 minutos. Distribuição: Universal.

Dizem que o Brasil é o país do futebol. O curioso é que existem poucos filmes que tratam do assunto. *Linha de Passe*, a partir do título, pode parecer um filme de ou sobre futebol. Não é bem assim. Aqui, ele funciona como elo de ligação de uma família. No caso, quatro irmãos, todos filhos da mesma mãe, Cleuza (Sandra Corveloni), porém, de pais diferentes. Dario (Vinícius de Oliveira), Dinho (José Geraldo Rodrigues), Dênis (João Baldasserini) e Reginaldo (Kaique de Jesus Santos) enfrentam o dia-a-dia de uma grande cidade brasileira. Cada um com seu sonho. A família de Cleuza, que está grávida do quinto filho, funciona como metáfora de um país que procura sua identidade. Com sutileza, sensibilidade e carinho, os diretores nos fazem acompanhar o cotidiano dessa família. Eles trabalham, estudam, se divertem, se apaixonam, correm riscos e flertam com a criminalidade. *Linha de Passe* possui uma naturalidade e uma veracidade incríveis. Em muitos momentos temos a impressão de estarmos assistindo a um documentário, não a uma obra de ficção. Prova do talento da dupla de diretores e, principalmente, do elenco. Em tempo: A atriz Sandra Corveloni ganhou a Palma de Ouro de melhor atriz no Festival de Cannes de 2008.

MAD MAX
MAD MAX
AUSTRÁLIA 1979

Direção: George Miller

Elenco: Mel Gibson, Joanne Samuel, Hugh Keays-Byrne, Steve Bisley, Roger Ward, Vince Gill e Tim Burns. **Duração:** 90 minutos. **Distribuição:** Warner.

O que faz um médico? Atende pacientes, realiza cirurgias etc. Médico também dirige filmes. Pelo menos foi o que fez o jovem australiano George Miller. Além do curso de Medicina, ele também se formou em Cinema pela Universidade de Melbourne e com a grana que economizou trabalhando no plantão de emergência do hospital, conseguiu bancar o início da produção de seu primeiro longa, *Mad Max*. A trama do filme não tem nada de complexa. Em um futuro próximo e não definido, Max, vivido pelo estreante Mel Gibson, é o mais experiente patrulhador das estradas, onde gangues pilotando motos aterrorizam as rodovias e cidades. Um confronto com uma dessas gangue deixa seu melhor amigo à beira da morte. Para piorar as coisas, pouco depois sua mulher e filho são assassinados. Só resta a Max vingar a morte de sua família se transformando no "guerreiro das estradas". *Mad Max* é carregado de uma ingenuidade e de um imediatismo comoventes. O filme nos envolve e nos empolga justamente por isso. Miller, que também foi um dos autores do roteiro, não quis "reinventar a roda" e realizou um filme direto, honesto e cheio de fúria. Mad Max foi, durante muito tempo, um dos filmes mais rentáveis da história do cinema: custou 400 mil dólares e faturou pouco mais de 100 milhões no mundo todo. Em tempo: gerou duas continuações, *Mad Max 2* (muito boa) e *Mad Max - Além do Cúpula do Trovão* (não tão boa assim).

BONEQUINHA DE LUXO
BREAKFAST AT TIFFANY'S
EUA 1961

Direção: Blake Edwards

Elenco: Audrey Hepburn, George Peppard, Patricia Neal, John McGiver, Martin Balsam, Mickey Rooney, Stanley Adams e Dorothy Whitney. Duração: 114 minutos. Distribuição: Paramount.

Eu poderia simplesmente dizer que Audrey Hepburn nunca esteve tão bonita. Ou que o roteiro de George Axelrod, baseado em um conto de Truman Capote é preciso em retratar seu tempo. Ou ainda que a direção sofisticada de Blake Edwards é envolvente. Além disso, temos também os belos figurinos supervisionados por Edith Head e, claro, *Moon River* e toda a trilha sonora composta por Henry Mancini. Nesta deliciosa comédia romântica, Audrey é Holly, uma garota de programa que vive em Nova York e que planeja se casar com um milionário. Todos os dias ela toma seu café da manhã em frente à joalheria Tiffany e sonha possuir os diamantes que estão à venda. George Peppard é Paul, vizinho de Holly, um escritor que é sustentado pela personagem ricaça interpretada por Patricia Neal. *Bonequinha de Luxo* é muito mais do que uma feliz combinação de talentos. Tudo funciona a favor do filme e, principalmente, a favor da história e de suas personagens. E aquela cena em que Holly, com seu violão, canta *Moon River* sentada na janela de seu apartamento... Só isso já valeria o filme. Uma curiosidade: Marilyn Monroe foi a primeira escolha para o papel de Holly. Ainda bem que não deu certo. Adoro Marilyn, mas não consigo imaginar outra atriz que não seja a Audrey Hepburn. Em tempo: o filme foi indicado a cinco Oscar. Ganhou apenas dois: melhor trilha sonora e melhor canção.

Direção: Clint Eastwood

Elenco: Clint Eastwood, Gene Hackman, Ed Harris, E.G. Marshall, Laura Linney, Scott Glenn, Alison Eastwood , Judy Davis e Dennis Haysbert. Duração: 121 minutos. Distribuição: Warner.

Com roteiro de William Goldman, baseado no livro de David Baldacci, *Poder Absoluto* conta uma intricada história que envolve um ladrão, Luther Whitney, vivido pelo próprio diretor, Clint Eastwood. Ele presencia, durante um roubo, a morte da esposa de um milionário. Um detalhe curioso é que esta mulher é amante do presidente dos Estados Unidos, papel de Gene Hackman. Luther precisa agora lidar com a polícia, na figura do policial Seth (Ed Harris) e com o serviço secreto do governo. Um verdadeiro jogo de gato e rato se estabelece. Paralelo a isso, existe uma relação mal resolvida entre ele e sua filha Kate (Laura Linney). Eastwood filma com a elegância de costume uma trama que tem seus furos narrativos, porém, não deixa de ser envolvente em momento algum. O elenco estelar contribui bastante para isso, no entanto, quem rouba a cena sempre que aparece é Ed Harris. A maneira como ele compôs Seth é primorosa, aliando o apuro e a perspicácia de um bom investigador com um misto de admiração e respeito por Luther.

A PRINCESA PROMETIDA
— THE PRINCESS BRIDE —
EUA 1987

Direção: Rob Reiner

Elenco: Cary Elwes, Robin Wright, Billy Crystal, Carol Kane, Chris Sarandon, Christopher Guest, Fred Savage, Mandy Patinkin, Peter Falk e Wallace Shawn. Duração: 98 minutos. Distribuição: NBO Editora.

A Princesa Prometida só não é um conto de fadas porque não existem fadas nessa história. Bem, existem algumas "fadas", mas elas não são do jeito que estamos acostumados a ver em outros filmes e/ou histórias. Antes de tudo, trata-se de um belo exemplo de resgate da boa e velha tradição oral. Temos duas tramas que correm em paralelo: uma que dá conta da relação de um avô com seu neto e outra que fala de uma princesa, um pirata, um príncipe malvado e um trio atrapalhado. A ligação entre as duas tramas se faz pela narrativa do avô, vivido pelo eterno *Columbo* Peter Falk. Seu neto está adoentado e ele, para passar o tempo, começa a contar uma história para ele. No começo, o neto acha chato de ouvir, depois, aos poucos, se envolve cada vez mais com tudo, assim como nós que estamos assistindo ao filme. Contribuem para isso uma feliz combinação: o roteiro inspirado de William Goldman; a direção criativa de Rob Reiner e um elenco afinadíssimo, onde todos se destacam e de quebra, traz Robin Wright mais bela do que nunca em seu primeiro trabalho no cinema. *A Princesa Prometida* é uma fábula mágica e envolvente que merece ser descoberta.

OS DUELISTAS
THE DUELLISTS
INGLATERRA 1977

Direção: Ridley Scott

Elenco: Harvey Keitel, Keith Carradine, Albert Finney, Cristina Raines, Tom Conti e Edward Fox. Duração: 100 minutos. Distribuição: Paramount.

Filme de estreia de Ridley Scott, *Os Duelistas* conta a história de dois oficiais do exército de Napoleão, Feraud (Harvey Keitel) e D'Hubert (Keith Carradine), que se enfrentam ao longo de vários anos em uma série de duelos. Tudo começa por causa de algo insignificante que se transforma em uma feroz disputa entre os dois. Com roteiro de Gerald Vaughan-Hughes, adaptado do conto *O Duelo*, escrito por Joseph Conrad, *Os Duelistas* é um filme que primeiro te conquista pela beleza deslumbrante das imagens. Ridley Scott, egresso da publicidade, capricha na reconstituição de época e na fotografia. No entanto, uma segunda vista faz aflora a complexidade da trama e das personagens em uma história que explora temas difíceis como honra, obsessão e violência. Premiado como melhor filme de estreia no Festival de Cinema de Cannes de 1977, *Os Duelistas* é a primeira obra-prima da carreira de um diretor que realizou nos anos seguintes diversas outras obras-primas. Imperdível.

O GAROTO
THE KID
EUA 1921

Direção: Charles Chaplin

Elenco: Charles Chaplin, Carl Miller, Jackie Coogan e Edna Purviance. Duração: 68 minutos. Distribuição: Warner.

Assim que o filme começa, um letreiro já deixa claro o que teremos pela frente: "uma comédia com um sorriso... e talvez uma lágrima". *O Garoto* foi o primeiro longa de Charles Chaplin, que fez quase tudo sozinho. Ele escreveu o roteiro, além de ter produzido, dirigido, editado e atuado no filme. Apesar de toda a sua genialidade, quem rouba a cena sempre que aparece é o garoto vivido por Jackie Coogan, então com apenas seis anos de idade. A principal personagem criada por Chaplin, o "vagabundo" Carlitos, se afeiçoa a um menino abandonado que ele encontra em uma lata de lixo. Tudo isso é circunstancial. A mãe do garoto não tinha condições de criá-lo. Um dos letreiros diz: "o pecado de uma mulher: a maternidade". Chaplin não culpa a mãe pelo abandono. Ele tem uma percepção maior das coisas e das pessoas. A história não poderia ser mais simples. E ser simples, é muito difícil. Chaplin realiza aqui uma mistura perfeita entre humor e drama. Sua narrativa é precisa e cheia de criatividade e empolgação. Por mais redundante e clichê que possa parecer, trata-se de um trabalho de gênio. Simplesmente obrigatório.

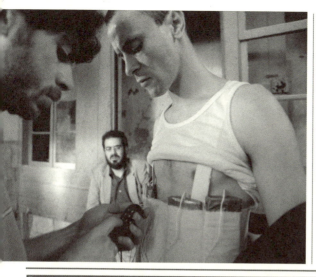

Direção: Hany Abu-Assad

Elenco: Kais Nashef, Ali Suliman, Lubna Azabal, Amer Hlehel, Hiam Abbass, Ashraf Barhoum, Mohammad Bustami, Mohammad Kosa e Olivier Meidinger. Duração: 88 minutos. Distribuição: Europa.

Em *Paradise Now* acompanhamos as últimas horas na vida de dois palestinos, amigos de infância, que são recrutados como homens-bomba para um atentado em Tel Aviv. Algo dá errado e eles terminam se separando, o que faz com que tenham que tomar decisões e enfrentar as consequências. Filmado com um rigor quase documental, a câmara de Hany Abu-Assad não perde o foco em momento algum e nos apresenta uma história polêmica, contundente e com um grau fortíssimo de realidade. Vencedor de diversos prêmios em inúmeros festivais de cinema pelo mundo, *Paradise Now* foi também indicado ao Oscar de melhor filme estrangeiro. Não ganhou. Afinal, era pedir demais que a Academia de Hollywood premiasse uma obra aparentemente contrária a Israel. O diretor, sabiamente, não toma partido e nem defende que a ação que move a trama seja correta ou não. Abu-Assad simplesmente conta a história de dois amigos que, por uma série de circunstâncias, são homens-bomba. Sem sentimentalismos e sem levantar bandeiras.

ASSIM CAMINHA A HUMANIDADE

GIANT — EUA 1956

Direção: George Stevens

Elenco: Rock Hudson, Elizabeth Taylor, James Dean, Carroll Baker, Mercedes McCambridge, Sal Mineo, Jane Withers, Chill Wills, Dennis Hopper e Rod Taylor. Duração: 201 minutos. Distribuição: Warner.

Tudo em *Assim Caminha a Humanidade* é grandioso. Seja pela produção caprichada que conta a história de três gerações de uma rica e influente família do Texas. Ou pelo elenco, composto por dois astros em ascenção, Elizabeth Taylor e James Dean, juntos com um time de veteranos e outros estreantes de grande talento. Ou ainda pelo roteiro, escrito por Fred Guiol e Ivan Moffat, a partir do romance de Edna Farber. Ou quem sabe pela direção experiente e apaixonada de George Stevens. Uma história que trata de conflitos amorosos, raciais e familiares aliados a disputas econômicas entre grandes fazendeiros e magnatas do petróleo. O clima é de um verdadeiro faroeste. O título original, *Giant* (gigante), resume e faz jus ao espírito do filme. Mas eu prefiro a poesia do título brasileiro. Foi o último trabalho do ator James Dean, que morreu em um acidente de carro pouco depois das filmagens e nem chegou a ver o filme pronto. Apesar da longa duração, não cansa um minuto sequer. Indicado ao Oscar em dez categorias ganhou apenas uma, a de melhor direção. Cinemão da melhor qualidade. Para ser visto com a sala de cheia de gente e o balde transbordando de pipoca.

A FORÇA DE UM PASSADO
FLESH AND BONE
EUA 1993

Direção: Steve Kloves

Elenco: Dennis Quaid, James Caan, Meg Ryan, Gwyneth Paltrow, Christopher Rydell e Scott Wilson. Duração: 126 minutos. Distribuição: Paramount.

Antes de ser mundialmente conhecido como o roteirista de todos os filmes da série *Harry Potter*, exceto o quinto, Steve Kloves também dirigiu filmes. Apenas dois: *Susie e os Baker Boys*, em 1989, e este *A Força de Um Passado*, em 1993. Estrelado pelo então casal Dennis Quaid e Meg Ryan, trata-se de um filme de forte teor dramático. Uma das frases de divulgação já deixava claro: o mal é paciente. Arlis Sweeney (Quaid) toca sua vida de maneira simples e rotineira no interior do Texas. Ele administra máquinas caça-níqueis e viaja continuamente pelo estado. Numa dessas viagens, conhece Kay Davies (Ryan), uma mulher que foge de um casamento que não deu certo. As coisas se complicam quando reaparece o pai de Arlis, vivido por James Caan, e se descobre que Kay fez parte de um momento traumático que estava enterrado em seu passado. A inspiração de Kloves, tanto para o roteiro como para a direção, é o *film noir*. O diretor-roteirista conta sua história com tintas fortes e sem pressa. Tem o apoio de um elenco inspirado. Dennis Quaid, apesar da aparência carrancuda, desenvolve muito bem sua personagem, que é marcada por uma dor e um medo extremos. Meg Ryan, antes de se transformar na "namoradinha da América", talvez tenha aqui seu melhor desempenho como atriz. E James Caan encarna como poucos o mal em pessoa. Além de Gwyneth Paltrow em início de carreira. *A Força de Um Passado* não é um filme fácil. Não foi feito para divertir. Ele nos incomoda e perturba. E aí está sua força.

INVICTUS
INVICTUS — EUA 2009

Direção: Clint Eastwood

Elenco: Morgan Freeman, Matt Damon, Tony Kgoroge, Patrick Mofokeng, Matt Stern, Julian Lewis Jones, Adjoa Andoh e Marguerite Wheatley. Duração: 134 minutos. Distribuição: Warner.

O grande estadista sul-africano ficou preso por 27 anos, vítima do *apartheid*, antigo regime de segregação racial da África do Sul. Durante esse período, diz ele, o poema *Invictus*, escrito pelo poeta inglês William Ernest Henley o manteve focado em seu objetivo. Ele foi libertado em 1990 e em 1994 concorreu às eleições e tornou-se presidente de seu país. O ator Morgan Freeman, amigo pessoal de Mandela, sempre quis contar sua história. O próprio Mandela disse prá ele certa vez que os dois se pareciam muito e que Freeman poderia interpretá-lo no cinema. Depois de ter lido o livro *Invictus – Conquistando o Inimigo*, escrito pelo jornalista inglês John Carlin, ele encontrou o material ideal para realizar o projeto. Freeman convidou o amigo Clint Eastwood para dirigir o filme, que inicialmente se chamaria *The Human Factor*. Depois batizado de *Invictus* por causa do poema já citado, o livro, assim como o filme, fazem um recorte de um período marcante da vida de Mandela, quando ele decide apoiar o time de *rugby*, um esporte popular entre os brancos. O país sediaria a Copa do Mundo de Rugby e Mandela viu aí a chance de unir seu povo em torno de um objetivo comum. Para isso, contou com a ajuda do capitão do time, Francois Pienaar, vivido por Matt Damon. Ao contrário de boa parte das cinebiografias que procuram contar toda a vida do biografado em celulóide, aqui foi escolhido um período emblemático da vida de Mandela. Um período que resume toda a sua humanidade, pragmatismo e alma de estadista. A direção de Eastwood é segura e severa, como de costume. Sua narrativa clássica é sempre envolvente e consegue criar suspense até em momentos que sabemos, pela própria história, que não aconteceram. Freeman e Damon também estão perfeitos em seus papéis e a interação entre eles é espantosa. Impossível resistir ao "fator humano" dessa pequena grande obra. *I am the master of my fate. I am the captain of my soul.* Eu sou o mestre do meu destino. Eu sou o capitão da minha alma.

A PRINCESA E O PLEBEU
ROMAN HOLIDAY
EUA 1953

Direção: William Wyler

Elenco: Gregory Peck, Audrey Hepburn, Eddie Albert, Hartley Power, Harcourt Williams, Margaret Rawlings, Tullio Carminati e Paolo Carlini. Duração: 118 minutos. Distribuição: Paramount.

Só o fato de ser estrelado por Audrey Hepburn, em um de seus primeiros papéis no cinema, e ter Roma como cenário já seriam motivos mais do que suficientes para vermos *A Princesa e o Plebeu*. Tudo começa quando a Ann (Audrey Hepburn), uma jovem princesa em viagem protocolares por diversos países europeus resolve fugir de suas obrigações reais e se aventurar sozinha em Roma para sentir o que é ser uma garota normal. Ela conhece Joe (Gregory Peck), um jornalista americano que finge não reconhecê-la para assim poder escrever uma reportagem especial. Como estamos diante de uma deliciosa comédia romântica, as coisas nunca acontecem como planejado e eles se apaixonam. Além do casal principal, não podemos deixar de fora o fotógrafo Irving, vivido por Eddie Albert, que funciona como alívio cômico da história. Dirigida com delicadeza, humor e muita classe por William Wyler, *A Princesa e o Plebeu* tem um clima de Cinderela, só que com os papéis trocados. Um filme simples e sem grandes novidades, porém, tão honesto e sincero em suas intenções que é impossível não se encantar e se envolver com ele. Obrigatório.

A CAÇADA AO OUTUBRO VERMELHO
THE HUNT FOR RED OCTOBER
EUA 1990

Direção: John McTiernan

Elenco: Sean Connery, Alec Baldwin, James Earl Jones, Sam Neill, Scott Glenn, Courtney B. Vance, Joss Ackland, Peter Firth, Richard Jordan, Stellan Skarsgård, Larry Ferguson e Tim Curry. Duração: 135 minutos. Distribuição: Paramount.

Há quem diga que se a guerra fria entre americanos e soviéticos serviu para alguma coisa, foi para alimentar a imaginação dos escritores de histórias de espionagem. Baseado no livro de Tom Clancy, *A Caçada ao Outubro Vermelho* conta a história de um iminente ataque aos Estados Unidos a partir de um submarino nuclear tecnologicamente superior, o Outubro Vermelho, comandado pelo Capitão Marko Ramius (Sean Connery). A tensão se estabelece entre os oficiais das duas grandes potências. Entra em cena então Jack Ryan (Alec Baldwin), um analista da CIA, que acredita que Ramius não está planejando atacar e sim desertar. Dirigido por John McTiernan, um cineasta que sabe tirar proveito de espaços fechados, *A Caçada ao Outubro Vermelho* é tenso e impactante. Quanto ao elenco, integralmente masculino, destaque maior para Sean Connery, que empresta todo o seu carisma para compor um Ramius convincente, e Alec Baldwin, que encontra o equilíbrio perfeito na criação de Ryan. A intenção da Paramount era transformar as aventuras de Jack Ryan em uma lucrativa franquia. Alec Baldwin cobrou um cachê alto demais e foi substituído por Harrison Ford nos dois filmes seguintes (*Jogos Patrióticos* e *Perigo Real e Imediato*). Um quarto filme foi feito, *A Soma de Todos os Medos*, com um Jack Ryan mais jovem, vivido por Ben Affleck.

VIVER
IKIRU
JAPÃO 1952

Direção: Akira Kurosawa

Elenco: Takashi Shimura, Shin'ichi Himori, Haruo Tanaka, Minoru Chiaki e Miki Odagiri. **Duração:** 142 minutos. **Distribuição:** Continental.

Muitos consideram *Viver* o maior filme de Akira Kurosawa. Claro que há um pouco de exagero nessa afirmação. Pelo simples fato de que este grande cineasta japonês realizou tantos filmes extraordinários que é difícil destacar apenas um. Melhor dizer que *Viver* é um dos melhores filmes dirigidos por Kurosawa. Fica mais justo assim. Acompanhamos aqui a vida de um homem, Kanji Watanabe, interpretado de maneira quase divina por Takashi Shimura. Ele está com câncer no estômago e constata, próximo da morte, que na verdade esteve morto a vida toda. Isso faz com que ele inicie uma busca desesperada para dar algum significado para sua vida nos poucos meses que ainda lhe restam. Com uma narrativa que explora diferentes pontos de vista, Kurosawa traça um painel plural e complexo do passado de Watanabe a partir dos questionamentos feitos no presente. Alguns estudiosos chegaram a comparar *Viver* ao italiano *Umberto D*, de Vittorio De Sica, coincidentemente dirigido no mesmo ano. Realmente, eles possuem algumas semelhanças, mas, em essência, são bem diferentes. Humano e comovente, *Viver* é um Kurosawa genuíno e por isso mesmo, imperdível.

SEM LEI E SEM ALMA
GUNFIGHT AT THE O.K. CORRAL
EUA 1957

Direção: John Sturges

Elenco: Burt Lancaster, Kirk Douglas, Rhonda Fleming, Jo Van Fleet, John Ireland, Earl Holliman, Martin Milner, DeForest Kelley e Dennis Hopper. **Duração:** 122 minutos. **Distribuição:** Paramount.

A história de Wyatt Earp e Doc Holliday já rendeu inúmeras versões para o cinema e para a televisão. Uma das mais conhecidas é *Sem Lei e Sem Alma*, dirigida por John Sturges, em 1957, e estrelada pela dupla de astros Burt Lancaster (Earp) e Kirk Douglas (Holliday). Tudo acontece na cidade de Tombstone, onde o xerife luta para impor a lei e para isso, entra em conflito com a quadrilha dos Clanton. A maneira como Sturges conduz seu filme é convencional e sem novidades. Não há surpresas aqui e nenhuma regra é transgredida. Os bons são bons e os maus são maus. Mas isso não tira a força desse *western*, principalmente por conta do carisma de Lancaster e Douglas em cena. Os livros de história dizem que o famoso duelo de OK Corral durou por mais de trinta segundos. No filme, sua duração é de cinco minutos e vem carregado de dramaticidade. Parafraseando o clássico *O Homem Que Matou o Facínora*, de John Ford: "quando a lenda é maior que o fato, publique-se a lenda". Em tempo: Um bônus especial para os fãs de *Jornada nas Estrelas*. O ator DeForest Kelley, o dr. McCoy da série clássica, é um dos irmãos Earp.

INIMIGO MEU
ENEMY MINE
EUA 1985

Direção: Wolfgang Petersen

Elenco: Dennis Quaid, Louis Gossett, Jr., Brion James, Richard Marcus e Carolyn McCormick. Duração: 108 minutos. Distribuição: Fox.

Inimigo Meu foi o primeiro filme americano dirigido pelo alemão Wolfgang Petersen, que havia realizado dois grandes sucessos: *A História Sem Fim* e *O Barco - Inferno no Mar*. A trama é inspirada em um filme de guerra *Inferno no Pacífico*, dirigido em 1968 por John Boorman e com Lee Marvin e Toshiro Mifune nos papéis principais. A diferença é que, ao invés de dois soldados, um americano e um japonês, presos em uma ilha logo depois do fim da Segunda Guerra Mundial, temos aqui um terráqueo e um alienígena que precisam conviver um com o outro em um planeta distante. A animosidade inicial dá lugar primeiro a necessidade de sobrevivência, que depois se transforma em amizade. O filme de Petersen conta com Dennis Quaid (Willis) e Louis Gossett Jr. (Jerry). Com habilidade, o diretor conduz sua narrativa, que na fachada é uma ficção-científica, mas que, em essência, é um drama de profunda humanidade e que trata como poucos de valores às vezes deixados de lado, como honra, amizade, coragem e sacrifício. Sua história poderia se passar em qualquer tempo e lugar sem perder sua força dramática. Vale destacar o incrível trabalho de maquiagem feito pela equipe de Daniel Parker no ator Louis Gossett Jr. Sua personagem pertence a uma raça com características de répteis, do planeta Dracon.

O FALCÃO MALTÊS
THE MALTESE FALCON
EUA 1941

Direção: John Huston

Elenco: Humphrey Bogart, Mary Astor, Gladys George, Peter Lorre, Barton MacLane, Lee Patrick, Ward Bond, Sydney Greenstreet e Elisha Cook Jr. **Duração:** 100 minutos. **Distribuição:** Warner.

Antes de mais nada é preciso esclarecer que quando foi lançado nos cinemas no início dos anos 1940, este primeiro filme dirigido por John Huston recebeu no Brasil o nome de *Relíquia Macabra*. Somente a partir dos anos 1980, quando foi lançado em VHS é que ele passou a ser chamado de *O Falcão Maltês*, tradução literal do título original, *The Maltese Falcon*. Com roteiro do próprio diretor, baseado na obra de Dashiell Hammett, o filme conta mais um caso de investigação do detetive Sam Spade (Humphrey Bogart), que é contratado por uma linda e misteriosa mulher que pede a ele que resgate uma estátua aparentemente sem valor. Como o pagamento é bem acima da média, Spade aceita o caso e termina se envolvendo em uma trama cheia de mistérios e mortes. É considerada a obra precursora do *film noir*, um gênero variante do policial, muito comum nos anos 1940 e 1950 e que tinha como uma de suas características retratar o submundo e seus anti-heróis. Huston define aqui as regras e encontra em Bogart o ator ideal para dar vida a Spade. O elenco de apoio também não fica atrás, com destaque especial para Peter Lorre e Mary Astor. *O Falcão Maltês* é um filme marcante e fundamental na história do cinema.

MELHOR É IMPOSSÍVEL
AS GOOD AS IT GETS
EUA 1997

Direção: James L. Brooks

Elenco: Jack Nicholson, Helen Hunt, Greg Kinnear, Cuba Gooding Jr., Skeet Ulrich, Shirley Knight e Yeardley Smith. Duração: 139 minutos. Distribuição: Sony.

Se James L. Brooks tivesse apenas produzido *Os Simpsons*, ele já teria garantido seu lugar na história da televisão mundial. Mas, ele fez muito mais do que isso. No cinema, em uma carreira de poucos filmes, Brooks estabeleceu um padrão: filmes com roteiros bem escritos e voltados para o trabalho dos atores. E não é diferente em *Melhor É Impossível*. A personagem principal da trama, Melvin Udall, é vivido por Jack Nicholson. Trata-se de um obsessivo-compulsivo que escreve livros para mulheres, cheio de preconceitos e atitudes politicamente incorretas. Uma figura que se fosse interpretada por qualquer outro ator correria o risco de ser odiada já a partir da primeira cena. Como Jack Nicholson é um grande ator e, além disso, carrega uma extensa bagagem cinematográfica, fica difícil odiá-lo. Ele vai todos os dias almoçar no mesmo restaurante e só gosta de ser atendido pela mesma garçonete, Carol, papel de Helen Hunt. Ele tem como vizinho um pintor gay, Simon (Greg Kinnear), com quem não se entende. Uma série de circunstâncias faz com os três realizem uma viagem juntos. Os filmes de James L. Brooks costumam ser assim. Apoiados em excelentes diálogos e com atuações surpreendentes de todo o elenco em histórias que costumam fugir sempre do lugar comum. E tem uma das melhores declarações de amor de todos os tempos. Em uma cena, durante um jantar, Carol pede a Melvin que lhe diga algo bonito. Ele conta uma história aparentemente sem sentido algum e no final a resume com a frase: "você me faz querer ser um homem melhor". Jack Nicholson e Helen Hunt ganharam, merecidamente, quase todos os prêmios de atuação por este filme. Em tempo: preste atenção na ponta feita por dois roteiristas-diretores Lawrence Kasdan (o médico de Melvin) e Harold Ramis (o médico do filho de Carol). Além disso, temos a participação de Yeardley Smith, atriz que dubla a Lisa Simpson e que faz a secretária de Simon.

MEU PÉ ESQUERDO

MY LEFT FOOT: THE STORY OF CHRISTY BROWN

IRLANDA 1989

Direção: Jim Sheridan

Elenco: Daniel Day-Lewis, Fiona Shaw, Brenda Fricker, Hugh O'Conor, Adrian Dunbar, Ray McAnally, Alison Whelan e Cyril Cusack. **Duração:** 103 minutos. **Distribuição:** Fox.

O cinema, assim como a vida, está cheio de exemplos de superação. *Meu Pé Esquerdo*, filme dirigido em 1989 pelo cineasta irlandês Jim Sheridan, conta uma história real de Christy Brown. Filho de uma humilde família irlandesa, ele nasceu portador de uma rara paralisia cerebral, que tirou todos os movimentos do corpo, exceto o pé esquerdo. Mas isso não impediu Christy de mostrar seu talento e inteligência como pintor e escritor. É preciso destacar que em uma história como essa é muito fina a linha que separa o drama humano da caricatura melodramática. Sheridan consegue passar longe desse perigo, principalmente, por conta de sua direção quase documental e do excelente elenco. Em especial, os dois atores que interpretam Christy: Hugh O'Conor, quando criança, e Daniel Day-Lewis, na fase adulta. O diretor não "enfeita" as cenas e não mostra em momento algum a personagem principal como um pobre coitado que nasceu para sofrer. Pelo contrário, Christy é arrogante e fica claro que ele tinha que agir assim para se impor e superar sua condição e os preconceitos e os receios de seus familiares e dos demais. Em tempo: Day-Lewis ganhou em 1990 quase todos os prêmios de interpretação masculina por este trabalho.

GOLPE DE MESTRE
THE STING
EUA 1973

Direção: George Roy Hill

Elenco: Paul Newman, Robert Redford, Robert Shaw, Charles Durning, Ray Walston, Robert Earl Jones, Eileen Brennan, Ken Sansom e Lee Paul. Duração: 129 minutos. Distribuição: Universal.

Sabe aquele tipo de filme que exala charme, sofisticação e bom humor? *Golpe de Mestre* é esse tipo de filme. Após o enorme sucesso de *Butch Cassidy*, no finalzinho dos anos 1960, o diretor George Roy Hill e a Universal quiseram reunir outra vez a dupla Paul Newman e Robert Redford. Desta vez, ao invés do velho oeste, estamos em Chicago, em 1934. Johnny Hooker (Redford) é um jovem vigarista ainda em fase de aprendizado. Seu professor é o lendário Luther (Robert Earl Jones), uma das figuras mais queridas e respeitadas do submundo. Os dois planejam uma ação que, segundo eles, seria o golpe do século. A vítima, o poderoso Doyle Loningan (Robert Shaw). Porém, tudo dá errado e Hooker se encontra agora sozinho e chantageado pela polícia. Ele pede ajuda a um veterano da vigarice, Henry Gondorf (Newman) e juntos planejam uma vingança contra Luther. *Golpe de Mestre* é um exemplo bem acabado do melhor «cinemão" hollywoodiano. Direção segura e criativa de Roy Hill; roteiro inspirado de David S. Ward; elenco perfeito e afinadíssimo; uma fotografia deslumbrante; uma edição primorosa; cenários e figurinos impecáveis e uma trilha sonora que faz com que você a fique cantarolando depois que o filme acaba. *Golpe de Mestre* ganhou, merecidamente, sete Oscar nas seguintes categorias: filme, direção, roteiro, montagem, figurino, trilha sonora e cenografia. Diversão garantida.

SNATCH - PORCOS E DIAMANTES

INGLATERRA 2000

Direção: Guy Ritchie

Elenco: Jason Statham, Stephen Graham, Brad Pitt, Benicio Del Toro, Dennis Farina, Alan Ford, Mike Reid, Vinnie Jones, Jason Flemyng e Rade Serbedzija. Duração: 102 minutos. Distribuição: Sony.

Turco, Franky "quatro dedos", Tijolo, Boris "lâmina", Mickey "cigano", Doug "cabeça" e Tony "dente de bala". Estas são algumas das personagens que povoam a Londres do diretor e roteirista Guy Ritchie, em *Snatch - Porcos e Diamantes*. Tudo começa depois que Franky (Benicio Del Toro) rouba um enorme diamante e é orientado por Avi (Dennis Farina) a vendê-lo para Doug (Mike Reid). Só tem um problema, ele conhece Boris (Rade Serbedzija) e como é viciado em apostas, termina se desviando do que tinha que fazer. Nesse meio tempo, Turco (Jason Statham) se envolve em um péssimo negócio com ciganos irlandeses e "perde" seu melhor lutador. Isso faz com que ele contrate Mickey (Brad Pitt), um cigano cheio de tatuagens e que fala um "idioma" bem próprio. A luta é agenciada pelo chefe do crime local, o Tijolo (Alan Ford), que tem uma criação de porcos e, claro, não podemos nos esquecer do enorme diamante roubado no início do filme, que é procurado, a pedido de Doug, pelo eficiente e "poliglota" Tony (Vinnie Jones). Tem também um grupo de ladrões de quinta categoria e, por fim, um cachorro que termina se envolvendo com todos eles. Assim é o cinema de Guy Ritchie. Personagens inusitadas e predominantemente masculinas; cortes rápidos de uma cena para outra (nunca foi tão rápida uma viagem de Nova York para Londres) e diálogos inspirados e muito engraçados. *Snatch* tem um ritmo e um visual impactantes e divertidíssimo. Uma curiosidade: não deixe de ver nos extras as duas montagens de falas com a famosa palavra começada com a letra "F".

A SOMBRA DE UMA DÚVIDA
SHADOW OF A DOUBT
EUA 1943

Direção: Alfred Hitchcock

Elenco: Teresa Wright, Joseph Cotten, Macdonald Carey, Henry Travers, Patricia Collinge, Hume Cronyn, Wallace Ford e Edna May Wonacott. **Duração:** 108 minutos. **Distribuição:** Universal.

Alfred Hitchcock costumava dizer que *A Sombra de Uma Dúvida* era seu filme favorito entre todos que ele havia dirigido. A trama se desenvolve em uma pequena e pacata cidade de Santa Rosa. Tio Charlie (Joseph Cotten) vai visitar seus familiares. Ele é um tipo sedutor, viajado, de fala cativante e tem sempre uma história emocionante para contar. Sua sobrinha, que tem o mesmo nome, é fascinada pelo tio. A pequena Charlie (Teresa Wright) simplesmente o idolatra. O que todos não sabem, só nós sabemos, e isso é típico do cinema hitchcockiano, é que tio Charlie é na verdade um assassino de viúvas procurado pela polícia. Hitchcock sabia como poucos como contar uma história. E sabia como ninguém conduzir um suspense. Aqui acompanhamos tudo pelo ponto de vista da pequena Charlie. E há dois momentos dignos de um mestre: quando ela desconfia pela primeira vez do tio e quando ela descobre quem o tio realmente é. A partir daí, tem início um tenso jogo de gato e rato, uma vez que o criminoso percebe que foi reconhecido. A saída é simples: o tio precisa se livrar da sobrinha. Se o próprio Hitchcock considera este filme o seu favorito, o que você está esperando para vê-lo?

GALLIPOLI
GALLIPOLI
AUSTRÁLIA 1981

Direção: Peter Weir

Elenco: Mel Gibson, Mark Lee, Harold Hopkins, Ronny Graham, Stan Green, Robert Grubb, Heath Harris, Graham Dow, Bill Hunter e David Argue. **Duração:** 111 minutos. **Distribuição:** Paramount.

Existem muitos filmes sobre guerras. Na maioria deles o foco principal é a batalha. Alguns poucos conseguem focar no drama humano e transcender os limites de um filme de guerra. É o caso de *Gallipoli*, dirigido em 1981 por Peter Weir. A ação se passa na Turquia durante a Primeira Guerra Mundial. Jovens australianos e neozelandeses foram convocados para lutar sem saber direito para onde estavam indo. Dois desses recrutas, Frank (Mel Gibson) e Archy (Mark Lee) são amigos e excelentes corredores. Patriotas de coração, eles realmente não faziam a mínima ideia do horror que iriam enfrentar na Batalha de Gallipoli, uma das mais sangrentas do conflito. Weir constrói seu drama com cenas de forte impacto visual e humano. Sua lente nunca se afasta das pessoas envolvidas. A guerra é um mero pano de fundo. Amizade, honradez e tolerância são as peças mais importantes nesse tabuleiro montado pelo diretor, que extrai da dupla principal um desempenho inesquecível. Com uma fotografia que mostra magnificamente a beleza árida do deserto, aliado a um roteiro inspirado que resgata uma história real esquecida e uma direção segura e criativa, tudo isso faz de *Gallipoli* um filme obrigatório.

ROCKY - UM LUTADOR
ROCKY
EUA 1976

Direção: John G. Avildsen

Elenco: Sylvester Stallone, Talia Shire, Burt Young, Carl Weathers, Burgess Meredith, Thayer David e Joe Spinell. Duração: 119 minutos. Distribuição: 119 minutos. Distribuição: Fox.

Existem algumas lendas a respeito da produção de *Rocky - Um Lutador*. Uma delas diz que Sylvester Stallone teria escrito o roteiro do filme em apenas três dias, depois de ter visto na TV uma luta de boxe entre o desconhecido Chuck Wepner e o campeão Muhammad Ali. Outra delas afirma que os produtores chegaram a oferecer 350 mil dólares pelo roteiro e Stallone, que estava completamente quebrado financeiramente, só o venderia se ele fosse o ator principal. Os produtores terminaram aceitando e quando foram negociar a produção com o estúdio, este liberou um orçamento de dois milhões de dólares, desde que o filme tivesse Robert Redford no papel título. Como não houve acordo, cortaram o orçamento pela metade e os produtores bancaram o custo adicional de 100 mil dólares do próprio bolso. O filme foi inteiramente rodado em 28 dias, teve um faturamento nos cinemas superior a 200 milhões de dólares e gerou cinco continuações. Ao longo do tempo, Rocky Balboa se transformou em um ícone e é uma das personagens mais populares de Stallone. Um filme de superação e com lutas de boxe bem coreografadas (foi o primeiro a usar uma *steadicam*, equipamento que permite filmar com estabilidade sequências com muito movimento). Além disso, *Rocky* tem como subtrama uma história de amor entre o lutador e Adrian (Talia Shire). Aliás, o grito de Rocky chamando sua amada no final da luta contra Apollo Creed (Carl Weathers) é um dos mais conhecidos do cinema. Como curiosidade final: *Rocky - Um Lutador* foi indicado a dez Oscar. Ganhou três (melhor filme, direção e montagem). Os derrotados daquele ano: *Taxi Driver*, *Todos os Homens do Presidente* e *Rede de Intrigas*.

O TEMPERO DA VIDA
POLITIKI KOUZINA — GRÉCIA 2003

Direção: Tassos Boulmetis

Elenco: Georges Corraface, Ieroklis Michaelidis, Renia Louizidou, Stelios Mainas, Markos Osse, Tamer Karadagli, Basak Köklükaya e Tassos Bandis. Duração: 107 minutos. Distribuição: Imagem.

Será que existe alguma relação entre astronomia e gastronomia? Segundo o filme grego *O Tempero da Vida* o primeiro está dentro do segundo. A única diferença é a letra "G" adicional. Com uma das aberturas mais belas e poéticas dos últimos tempos, acompanhamos aqui a história de Fanis, um menino que cresceu em Istambul, junto com o avô, um filósofo culinário que lhe ensinou que tanto a comida quanto a vida, precisam de um pouco de sal, e às vezes canela, para ganhar sabor. Resumindo: a vida requer sempre um toque de tempero. Essa relação é quebrada devido um conflito entre gregos e turcos por causa da ilha de Chipre, o que faz com que parte da família se mude novamente para a Grécia. Fanis cresce e se torna um grande cozinheiro e também um astrônomo. Mais de trinta anos depois ele volta a Istambul para redescobrir suas raízes e encontrar o ingrediente que falta em sua própria vida. Escrito e dirigido por Tassos Boulmetis, O Tempero da Vida é acadêmico e burocrático em algumas passagens, porém, tem uma história tão cativante e, com o perdão do trocadilho, tão bem "temperada" que fica difícil resistir ao seus sabores. De quebra, o filme abre nosso apetite e isso o torna recomendável para ser visto antes das refeições.

MARATONA DA MORTE
MARATHON MAN
EUA 1976

Direção: John Schlesinger

Elenco: Dustin Hoffman, Laurence Olivier, Roy Scheider, William Devane e Marthe Keller. Duração: 125 minutos. Distribuição: Paramount.

Costumam dizer que nada acontece por acaso. Será? O acaso muitas vezes pode bagunçar com a vida de qualquer cidadão comum. É isso que acontece com o jovem universitário e maratonista Babe, vivido por Dustin Hoffman no eletrizante *Maratona da Morte*. Ninguém poderia supor que uma simples briga de trânsito fosse envolvê-lo em uma conspiração internacional e fazê-lo prisioneiro do fugitivo nazista Christian Szell, papel de Laurence Olivier. Seguidor da melhor tradição do policial americano dos anos 1970, este filme dirigido pelo experiente John Schlesinger é baseado no livro escrito por William Goldman, que foi responsável por sua adaptação para cinema. Não há nada melhor que uma boa história como ponto de partida para uma produção cinematográfica. Se essa história for bem dirigida e contar com um elenco inspirado então, estaremos diante de uma pequena obra-prima. Tudo isso está presente em *Maratona da Morte*, com um destaque mais do que especial para os desempenhos soberbos de Hoffman e Olivier, dois grandes atores de formações artísticas bem distintas. Existe uma conversa entre eles, confirmada nos extras do DVD por Hoffman que é mais ou menos assim: Os dois estavam no mesmo vôo de Nova York para Los Angeles e Hoffman estava com uma cara de quem não dormia há alguns dias. Olivier perguntou a razão. Ele respondeu que estava sem dormir porque se preparava para uma cena do filme que assim o exigia. Nisso Olivier perguntou de volta porque ele simplesmente não representava. *Maratona da Morte*, além desse duelo de atuações, traz uma das mais originais sequências de perseguição do cinema e ainda aumenta sobremaneira nosso medo natural de ir ao dentista.

MINHA VIDA DE CACHORRO
MIT LIV SOM HUND
SUÉCIA 1985

Direção: Lasse Hallström

Elenco: Anton Glanzelius, Mandred Serner, Anki Lidén, Thomas Von Bronson, Malinda Kennaman e Kiki Rudgrem. Duração: 101 minutos. Distribuição: Versátil.

O cineasta sueco Lasse Hallström já havia dirigido diversos trabalhos para cinema e televisão em seu país quando realizou *Minha Vida de Cachorro*, em 1985. Este filme lhe deu projeção mundial e desde então, apesar de continuar morando na Suécia, a maior parte de seus filmes têm sido produzidos por Hollywood. Aqui ele conta a comovente história de Ingemar (Anton Glanzelius), um menino de 12 anos que, por conta do delicado estado de saúde de sua mãe, é levado para casa de parentes no interior do país. A trama acontece nos anos 1950 e é filtrada pelo olhar do garoto que enfrenta dificuldades para se adaptar à nova vida e superar as saudades de sua cadela de estimação, do irmão mais velho e da mãe. Histórias com crianças costumam nos envolver de uma maneira especial. Em *Minha de Vida de Cachorro* esse envolvimento é maior ainda por conta da interpretação e do carisma do pequeno ator Anton Glanzelius. O filme de Hallström consegue abarcar uma série de temas, tais como: relacionamentos familiares, corrida espacial, a descoberta da sexualidade, o poder transformador da imaginação e das pessoas e até o futebol brasileiro. Tudo isso é mostrado com muita simplicidade e sutileza em um filme que não tem vergonha de arrancar lágrimas.

ESTRADA PARA PERDIÇÃO
ROAD TO PERDITION
EUA 2002

Direção: Sam Mendes

Elenco: Tom Hanks, Paul Newman, Jude Law, Jennifer Jason Leigh, Stanley Tucci, Daniel Craig, Tyler Hoechlin, Alfred Molina, Ciarán Hinds, Liam Aiken e Rob Maxey. Duração: 117 minutos. Distribuição: Fox.

Início dos anos 1930. Michael Sullivan (Tom Hanks) trabalha para John Rooney (Paul Newman). O empregador é um chefão da Máfia. O empregado é seu principal matador. A relação que existe entre os dois é verdadeiramente paternal. E isso provoca ciúmes em Connor (Daniel Craig), seu filho biológico. As coisas mudam depois que Michael Sullivan Jr. (Tyler Hoechlin) testemunha um assassinato. Isso faz com que ele e seu pai fujam de Rooney, que contrata Harlen Maguire (Jude Law) para matá-los. *Estrada Para Perdição* é baseada em uma história-em-quadrinhos produzida pela dupla Max Allan Collins e Richard Piers Rayner. É uma clássica trama de *gangsters* com uma pitada de conflitos familiares e alguns elementos bíblicos e shakespeareanos. O elenco estelar tem no veterano Paul Newman um dos grandes destaques (preste atenção na cena em que ele discute com o filho). Outro ponto alto é a fotografia espetacular de Conrad Hall, que confere ao filme um tom de lembrança desfocada que combina perfeitamente com a narrativa. O diretor Sam Mendes, que vinha do sucesso de seu primeiro filme, *Beleza Americana*, encontrou aqui o veículo certo para não se repetir.

BOOGIE NIGHTS - PRAZER SEM LIMITES
BOOGIE NIGHTS — EUA 1997

Direção: Paul Thomas Anderson

Elenco: Mark Wahlberg, Burt Reynolds, Julianne Moore, John C. Reilly, Don Cheadle, Heather Graham, Philip Seymour Hoffman, William H. Macy, Luis Guzman e Alfred Molina. **Duração:** 156 minutos. **Distribuição:** PlayArte.

Segundo filme do diretor e roteirista Paul Thomas Anderson, *Boogie Nights - Prazer Sem Limites* tem como foco um pequeno grupo de pessoas que produz filmes pornôs. Tudo começa no finalzinho dos anos 1970. Acompanhamos a história de Eddie Adams (Mark Wahlberg), recém-saído do colegial e sem muita perspectiva pro futuro. Ele é descoberto pelo diretor de filmes adultos Jack Horner (Burt Reynolds). Para Jack, o jovem e desconhecido Eddie possui um "talento" grande o suficiente para sacudir a indústria de filmes pornográficos. Eddie muda de nome. Agora ele é Dirk Diggler. Em muito pouco tempo ele está famoso, rico e cheio de novos amigos. Surgem também as drogas e alguns outros problemas. O cinema feito por P.T. Anderson pode ser resumido como uma união entre os estilos de Robert Altman e Martin Scorsese. Suas histórias costumam lidar sempre com muitas personagens e tramas que seguem paralelas e vão se misturando gradativamente. Outra característica sua é o carinho que demonstra para com as personagens e o olhar profundo e complexo com que nos revela suas histórias e personalidades. Além de ótimo roteirista, Anderson, que tinha apenas 27 anos quando realizou este filme, é também um excelente diretor de atores e extrai desempenhos fabulosos de todo o elenco. Até Burt Reynolds, um ator muito popular nos anos 1970, mas que nunca foi respeitado por suas qualidades dramáticas, tem em *Boogie Nights* o melhor momento de toda sua carreira.

O SOL POR TESTEMUNHA
PLEIN SOLEIL
FRANÇA 1960

Direção: René Clement

Elenco: Alain Delon, Marie Laforêt, Maurice Ronet, Romy Schneider, Elvire Popescu, Erno Crisa, Frank Latimore, Bill Kearns e Ave Ninchi. **Duração:** 116 minutos. **Distribuição:** Cinemax.

A escritora de romances policiais Patricia Highsmith escreveu muitos livros. Um deles deu origem ao filme *Pacto Sinistro*, de Alfred Hitchcock. Porém, sua maior criação é Tom Ripley, um homem completamente sem moral e que já foi adaptado para o cinema diversas vezes. A personagem já foi interpretada por diferentes atores, no entanto, este filme é a primeira, e muitos a consideram a melhor, versão cinematográfica de Ripley, aqui vivido pelo jovem Alain Delon. Ele é procurado por um rico industrial que o contrata para trazer seu filho de volta prá casa. Ripley arma um meticuloso plano para tirar proveito da situação. René Clement realiza aqui um *filme noir* carregado de cores solares, realçadas pela bela fotografia de Henri Decae. A trilha sonora de Nino Rota reforça ainda mais o clima de suspense. Coroando tudo, temos ainda a maneira vigorosa com que Delon interpreta Ripley. Apesar de não ter envelhecido bem, o filme ainda guarda algum charme e valores de produção comuns no cinema francês que era feito no período pré-*nouvelle vague*.

SCARFACE [1983]
SCARFACE — EUA 1983

Direção: Brian De Palma

Elenco: Al Pacino, Steven Bauer, Michelle Pfeiffer, Mary Elizabeth Mastrantonio, Robert Loggia, Miriam Colon, F. Murray Abraham, Paul Shenar, Harris Yulin e Michael P. Moran. **Duração:** 170 minutos. **Distribuição:** Universal.

Uma combinação explosiva e de primeira. Al Pacino no papel principal, Brian De Palma na direção e roteiro de Oliver Stone, inspirado na versão original de 1932, *Scarface - A Vergonha de Uma Nação*, de Howard Hawks. Nesta refilmagem acompanhamos Tony Montana (Pacino), um refugiado cubano que chega à Miami e ascende rapidamente até se tornar o grande chefão das drogas. Tendo como pano de fundo as cores vivas e fortes da Flórida, realçadas sobremaneira pela luminosa fotografia de John A. Alonzo, o *Scarface* de De Palma, da mesma forma que a primeira versão, tem elementos de tragédia grega e drama shakespeareano. Tony, sempre acompanhado de seu braço direito Manny (Steven Bauer), abre seu caminho com muito sangue e violência. Paralelo ao poder conquistado por Tony, a história destaca também suas fraquezas, que aparecem representadas nas duas figuras femininas importantes na trama: sua mulher Elvira (Michelle Pfeiffer) e sua irmã Gina (Mary Elizabeth Mastrantonio). Aliado a isso, existe ainda o vício em cocaína que ele adquire. Tudo junto termina por criar um grande mosaico que é explorado em todas as suas nuances pelo complexo roteiro de Stone e pela criativa e vigorosa direção de De Palma. Um clássico moderno completo e indiscutível. Como diria Tony: *"say hello to my little friend"*.

V DE VINGANÇA — V FOR VENDETTA
EUA 2006

Direção: James McTeigue

Elenco: Natalie Portman, Hugo Weaving, Stephen Fry, Stephen Rea, John Hurt, Natasha Wightman, Roger Allam, Rupert Graves, Ben Miles, Sinéad Cusack e Tim Pigott-Smith. **Duração:** 132 minutos. **Distribuição:** Warner.

"*Remember, remember, the fifth of November*". Essa frase diz respeito a um fato ocorrido na Inglaterra no dia 05 de Novembro de 1605, quando Guy Fawkes foi capturado tentando explodir a Casa do Parlamento. Essa história é contada no início do filme *V de Vingança*, baseado na minissérie escrita por Alan Moore e desenhada por David Lloyd. Com roteiro adaptado e produção dos Irmãos Wachowski, os mesmos da trilogia *Matrix*. O filme, assim como a HQ, acontece em um futuro próximo, em uma Inglaterra totalitária, onde uma figura misteriosa usando uma máscara de Guy Fawkes e que atende pelo nome de V decide concluir o trabalho que não foi feito no início do Século XVII. Quem acompanha quadrinhos sabe dos atritos constantes entre Alan Moore e os cineastas que adaptam suas obras para o cinema. Ele costuma dizer que nenhuma delas é boa o suficiente ou digna do material original. *V de Vingança*, o filme, é uma exceção. Alguns fãs mais radicais disseram que o foco da narrativa foi tirado de V (Hugo Weaving) e direcionado para a personagem de Evey (Natalie Portman). É verdade que o filme tomou algumas liberdades, porém, elas funcionam a favor da história e preenchem lacunas que existiam na HQ. O diretor estreante James TcTeigue, que antes havia trabalhado como assistente de direção dos Wachowski na série *Matrix*, revela segurança na condução de um filme repleto de boas ideias e de muito carisma.

O GRANDE GOLPE
THE KILLING
EUA 1956

Direção: Irwin Winkler

Elenco: Sterling Hayden, Coleen Gray, Marie Windsor, Elisha Cook Jr, Vince Edwards e Jay C. Flippen. **Duração:** 89 minutos. **Distribuição:** Fox.

Stanley Kubrick realizou apenas 12 filmes em toda sua carreira, dos quais 11 estão na categoria de clássicos e/ou filmes de referência. *O Grande Golpe* foi seu segundo trabalho como diretor e é possível perceber nele os elementos que transformariam Kubrick no cineasta que conhecemos hoje. A trama é baseada em um livro de Lionel White, com roteiro escrito pelo próprio diretor, em parceria com Jim Thompson. *O Grande Golpe* é um «filme de roubo» e conta a história de um grupo liderado pelo ex-presidiário Johnny Clay (Sterling Hayden) que planeja roubar dois milhões de dólares de um hipódromo. O plano, segundo Clay, é tão perfeito que ninguém sairá ferido. Com uma narrativa fragmentada e não linear, longe da clássica estrutura composta por "começo, meio e fim". Kubrick já demonstra aqui um domínio técnico completo e apresenta sua marca registrada de autor pela primeira vez, ou seja, uma descrença total no ser humano.

CORPOS ARDENTES
BODY HEAT
EUA 1981

Direção: Lawrence Kasdan

Elenco: William Hurt, Kathleen Turner, Richard Crenna, Mickey Rourke, Ted Danson, J. A. Preston e Kim Zimmer. Duração: 113 minutos. Distribuição: Warner.

Lawrence Kasdan escreveu o roteiro de dois filmes marcantes do início dos anos 1980: *O Império Contra-Ataca* e *Os Caçadores da Arca Perdida*. O passo seguinte natural seria estrear como diretor e ele optou por fazer uma releitura de *Pacto de Sangue*, clássico filme *noir* dirigido em 1944 por Billy Wilder. Em *Corpos Ardentes* acompanhamos o dia-a-dia de um advogado comum e sem ambições, Ned Racine, vivido por William Hurt. A vida dele se resume aos poucos clientes que defende e aos dois amigos com quem costuma beber no bar de uma quente cidade da Flórida. Certo dia, ele conhece Matty Walker, papel de estreia de Kathleen Turner, que diz para Ned: "Você não é muito esperto. Gosto disso em um homem". Tem início um tórrido romance entre os dois que culmina na morte do milionário esposo de Matty. O diretor Kasdan, também autor do roteiro, revela um domínio absoluto de sua narrativa. Todo o elenco merece um destaque especial. Principalmente, Hurt e Turner, que exalam uma química arrebatadora quase sem igual no cinema. Preste atenção na participação de Mickey Rourke, em início de carreira. *Corpos Ardentes* é simplesmente arrebatador.

O SENHOR DOS ANÉIS - AS DUAS TORRES
THE LORD OF THE RINGS: THE TWO TOWERS

EUA/NOVA ZELÂNDIA 2002

Direção: Peter Jackson

Elenco: G Elijah Wood, Viggo Mortensen, Ian McKellen, Liv Tyler, Sean Astin, John Rhys-Davies, Orlando Bloom, Billy Boyd, Dominic Monaghan, Andy Serkis, Hugo Weaving, Bernard Hill, Miranda Otto, Karl Urban, Brad Dourif e Christopher Lee. Duração: 179 minutos. Distribuição: Warner.

A grande e arriscada aposta da New Line em produzir a trilogia baseada nos livros de J.R.R. Tolkien já tinha se revelado uma jogada certeira por conta do enorme sucesso de público e crítica da parte um: *O Senhor dos Anéis – A Sociedade do Anel*. A audiência para a continuação estava garantida e isso só fez aumentar a expectativa em relação a este segundo filme, *O Senhor dos Anéis – As Duas Torres*. Em qualquer boa trilogia, a história do "meio" é muito importante. É ela que, no final, vai ligar as pontas e preparar o terreno para a conclusão de tudo. Aqui, a trama começa exatamente no ponto onde a anterior termina. A Sociedade do Anel, agora dividida em três núcleos, está rompida. Mas a missão maior, destruir o Um Anel, continua. Aragorn, Gandalf, Legolas e Gimli chegam à Rohan. Pippin e Merry encontram os Ents. Frodo e Sam continuam seguindo em direção à Mordor e são obrigados a confiar suas vidas a Gollum. As forças de Saruman e Sauron continuam atacando e temos o ponto alto desse confronto na batalha de Helm's Deep. Novas personagens são apresentadas, porém, a de maior destaque, seja pela complexidade de sua personalidade ou pela maneira genial com que é representada em cena é Gollum, uma figura inteiramente digital e uma das mais perfeitas geradas por computador e que tem em Andy Serkis um ator completo para interpretá-la. Peter Jackson realiza em *As Duas Torres* a sua "mexida" mais radical em relação ao material original. Quem leu os livros sabe bem do que eu estou falando. Se possível, veja a versão estendida. Ela possui cenas indispensáveis que explicam melhor o comportamento de Gollum.

CIDADÃO KANE
CITIZEN KANE
EUA 1941

Direção: Orson Welles

Elenco: Orson Welles, Agnes Moorehead, Dorothy Comingore, Erskine Sanford, Everett Sloane, George Coulouris, Joseph Cotten e Paul Stewart. Duração: 119 minutos. Distribuição: Warner.

Se você fosse dono de um estúdio ou produtora daria carta branca para um diretor estreante de apenas 25 anos? Isso aconteceu em 1940 quando a RKO contratou Orson Welles e deu-lhe liberdade plena para realizar o que quisesse. Ele nunca tinha feito cinema. Sua experiência vinha da companhia de teatro Mercury, da qual era sócio, e de um programa de rádio. Foi justamente no rádio, em 1937, após uma leitura dramática do livro *A Guerra dos Mundos*, de H.G. Wells, que ele ganhou fama mundial. A leitura provocou pânico nos Estados Unidos. Sem experiência alguma com cinema, Welles tomou a mais sábia das decisões: viu os melhores filmes produzidos até então e se cercou dos melhores profissionais da indústria. *Cidadão Kane*, lançado em 1941, conta a história de Charles Foster Kane, vivido pelo próprio Welles. Tudo começou com uma sequência de três minutos que mostra o castelo de Xanadu, residência de Kane. Sem diálogos, apenas uma palavra é ouvida: *Rosebud*. Ela é pronunciada por Kane segundos antes de ele morrer. Depois, entra em cena um cinejornal. A partir daí, um repórter tenta descobrir quem ou o que seria *Rosebub* e para tanto, refaz a trajetória de Kane desde sua infância entrevistando pessoas que conviveram com ele. Welles utiliza uma narrativa não linear, algo novo naquela época, além de diversas inovações técnicas e de iluminação, bem como ângulos de câmera e enquadramentos inusitados. *Cidadão Kane* é um filme de caráter enciclopédico. Porém, fracassou nas bilheterias e foi massacrado pela crítica. Com o passar dos anos ele começou a ser reavaliado e, gradativamente foi figurando nas listas de melhores filmes de todos os tempos. *Cidadão Kane* é mais do que obrigatório. É como se fosse o próprio ar para aqueles que amam o cinema e/ou sonham fazer cinema.

BLADE RUNNER - O CAÇADOR DE ANDROIDES

BLADE RUNNER

EUA 1982

Direção: Ridley Scott

Elenco: Harrison Ford, Rutger Hauer, Sean Young, Brion James, Daryl Hannah, Edward James Olmos, James Hong, Joanna Cassidy, Joe Turkel, M. Emmet Walsh, Morgan Paull e William Sanderson. Duração: 117 minutos. Distribuição: Warner.

"O homem fez o homem à sua imagem e semelhança. Agora o problema é seu"! Que frase boa para chamar a atenção de alguém para ver um filme. Melhor ainda quando este filme oferece em um mesmo pacote quatro fatores importantíssimos: 1) É dirigido por um visionário do gênero (Ridley Scott, que havia acabado de dirigir *Alien – O 8º Passageiro*); 2) Tem um ator carismático no papel principal (Harrison Ford, no auge da carreira); 3) O roteiro inspira-se em um excelente livro de ficção-científica e; 4) Um orçamento generoso (foi na época o mais caro filme produzido no gênero). *Blade Runner – O Caçador de Androides*, terceiro trabalho de Scott, é baseado em *Do Androids Dream of Eletric Sheep?* (algo como Os Andróides Sonham com Ovelhas Elétricas?), de Philip K. Dick, publicado em 1968. No ano seguinte, o estreante Martin Scorsese tentou levar a história para a tela grande, sem sucesso. Muito poderia ser escrito sobre *Blade Runner*. Os *spinners* e os diversos artefatos criados por Syd Mead, os cenários futuristas desenvolvidos por Lawrence Paull e David Snyder, a trilha sonora composta por Vangelis, a direção de Ridley Scott, o desempenho de todo o elenco, o roteiro de Hampton Fancher e David Peoples, a fotografia de Jordan Cronenweth, os efeitos especiais de Douglas Trumbull, a montagem de Terry Rawlings, a produção de Michael Deeley e todas as implicações que este trabalho conjunto gerou no entendimento dos cinéfilos ao redor do mundo. É difícil encontrar dois fãs com a mesma visão. Cada um entende o filme ao seu modo, e não adianta argumentar. *Blade Runner* é um dos filmes mais influentes das últimas décadas. Um autêntico filme de autor, cheio de pequenos detalhes que só quem o viu repetidas vezes e com bastante atenção é capaz de detectar na totalidade e sentir o que ele realmente é: uma experiência única.

O HOMEM QUE COPIAVA
BRASIL 2003

Direção: Jorge Furtado

Elenco: Lázaro Ramos, Leandra Leal, Pedro Cardoso, Luana Piovani, Carlos Cunha, Júlio Andrade e Paulo José. Duração: 123 minutos. Distribuição: Columbia.

Certa vez, o roteirista e diretor gaúcho Jorge Furtado comentou com um de seus amigos sobre o filme que estava escrevendo e que se chamaria *O Homem Que Copiava*. O amigo dele caiu na gargalhada e disse: Então o filme é autobiográfico! Quem acompanha a carreira de Jorge Furtado sabe que ele desenvolveu um jeito peculiar e bastante pessoal de contar histórias. Ele próprio costuma se apresentar como um roteirista que dirige. Seus filmes são carregados de colagens, recortes, citações e referências metalinguísticas. Em *O Homem Que Copiava* acompanhamos o dia-a-dia de André (Lázaro Ramos), um operador de fotocopiadora que trabalha em uma papelaria de Porto Alegre. O filme começa com uma cena forte. Mostra André queimando dinheiro. Logo em seguida, o mesmo André aparece juntando moedas para pagar uma conta pequena de supermercado. Ele é possuidor de uma cultura fragmentada. O conhecimento que ele tem do mundo vem das leituras que ele faz das folhas que fotocopia. Mais ou menos como muitos de nós que passamos de uma página para outra na internet, lendo pedaços e sem nos aprofundarmos em nada. André é apaixonado por Sílvia (Leandra Leal), que mora no prédio em frente ao seu. Um amor à distância. Ele a observa com binóculos e a segue todos os dias. Uma série de eventos termina por levá-los, junto com o casal Marinês (Luana Piovani) e Cardoso (Pedro Cardoso) a uma reviravolta completa que envolve a falsificação de dinheiro, um assalto a banco, um prêmio de loteria e dois assassinatos. Furtado faz uso de diversas técnicas narrativas, algumas delas até auto-referentes, pois remetem ao mais famoso curta-metragem que ele dirigiu, o *Ilha das Flores*. Muitos questionaram na época a moral dúbia do filme. Polêmicas à parte, *O Homem Que Copiava* é, por mais paradoxal que pareça, extremamente original.

GOMORRA
GOMORRA
ITÁLIA 2008

Direção: Matteo Garrone

Elenco: Salvatore Abruzzese, Simone Sacchettino, Salvatore Ruocco, Vincenzo Fabricino, Vincenzo Altamura, Italo Renda, Gianfelice Imparato, Maria Nazionale, Salvatore Striano e Carlo Del Sorbo. **Duração:** 137 minutos. **Distribuição:** Paris.

Dirigido por Matteo Garrone e baseado no livro homónimo de Roberto Saviano, *Gomorra* foi um dos filmes mais aplaudidos no Festival de Cannes de 2008 e vencedor do Premio Especial do Júri. Trata-se de uma história de ficção, porém, com fortes vínculos com a realidade ao mostrar como funciona o crime organizado na Itália. Não por acaso, o autor do livro e o diretor foram jurados de morte. A trama acontece nas províncias de Nápoles e Caserta, onde os moradores têm que enfrentar e obedecer as regras do sistema conhecido por Camorra. O roteiro apresenta cinco histórias que seguem em paralelo e traçam um painel vigoroso que se sustenta no tripé poder, dinheiro e sangue. É incrível ver a maneira como o crime se ramifica na vida das pessoas mais comuns. Garrone se inspirou nos policiais americanos dos anos 1970 e no cinema político italiano da mesma época. Outra marca forte de *Gomorra* é seu caráter documental. O elenco, composto por atores desconhecidos do grande público, é de extrema eficiência, o que reforça ainda mais o realismo do filme. Seco, envolvente, direto e impactante *Gomorra* é mais que imperdível, é obrigatório.

O NEVOEIRO
THE MIST
EUA 2007

Direção: Frank Darabont

Elenco: Thomas Jane, Marcia Gay Harden, Laurie Holden, Andre Braugher, Toby Jones, William Sadler, Jeffrey DeMunn, Frances Sternhagen, Nathan Gamble e Alexa Davalos. **Duração:** 126 minutos. **Distribuição:** Paris.

O diretor e roteirista Frank Darabont talvez seja o melhor adaptador de histórias escritas por Stephen King para o cinema. Dos quatro primeiros filmes que ele dirigiu, três são baseados em livros do mestre do terror moderno. Ele é tão bom nesse nicho que o próprio King disse certa vez que Darabont tem a preferência para adaptar qualquer obra sua. Assim como os livros de Stephen King oferecem muito mais que uma simples história de horror, os filmes de Frank Darabont também oferecem muito mais do que aparentam. *Um Sonho de Liberdade* e *À Espera de Um Milagre* não são meros filmes de presídio, *O Nevoeiro*, apesar das aparências, vai bem além da fórmula suspense/terror. Tudo começa em uma pequena cidade, onde após uma violenta tempestade, um estranho nevoeiro toma conta do lugar. Um pequeno grupo de moradores fica preso dentro de um supermercado. Ninguém sabe direito o que está acontecendo. Mas têm certeza que algo sobrenatural envolve aquela densa nuvem de fumaça. O caos se estabelece e o grupo se transforma em uma espécie de microcosmo de um país inteiro. O medo traz à tona o melhor, e principalmente, o pior das pessoas. Depois de um certo tempo, já não sabemos onde está o perigo. Se dentro ou fora do supermercado. Darabont sabe como contar uma história e é um excelente diretor de atores. Ele extrai desempenhos fabulosos de todo o elenco e conduz sua trama de maneira impecável. De quebra, ainda nos brinda com um final tão surpreendente e corajoso como poucos vistos em um filme feito em Hollywood.

ED WOOD
ED WOOD
EUA 1994

Direção: Tim Burton

Elenco: Johnny Depp, Martin Landau, Bill Murray, Patricia Arquette, Sarah Jessica Parker, Vincent D'Onofrio, Lisa Marie, Jeffrey Jones, Brent Hinkley, Max Casella e Mike Starr. **Duração:** 127 minutos. **Distribuição:** Buena Vista.

A história de Edward Wood Jr, considerado por muitos o pior cineasta de todos os tempos, não poderia ser melhor contada por outro diretor que não fosse Tim Burton. A vida, as histórias e as personagens bizarras de Ed Wood estão em perfeita harmonia com o universo que Burton criou em quase tudo que dirigiu. *Ed Wood*, o filme, com roteiro escrito por Scott Alexander e Larry Karaszewski, se baseia no livro *Nightmare of Ecstasy*, de Rudolph Grey. A ação se passa nos anos 1950 e se concentra no período em que o diretor realizou três de suas maiores produções: *Plano 9 do Espaço Sideral*, *Glen ou Glenda?* e *A Noiva do Monstro*. Ed Wood, vivido de maneira intensa por Johnny Depp, quer e acredita que pode fazer filmes. Não tem pudor em levantar dinheiro com pequenos comerciantes e com pastores protestantes. Trabalhando com atores rejeitados, ele, ao encontrar Bela Lugosi, brilhantemente interpretado por Martin Landau, vê aí a grande chance de ter um ícone do cinema atuando sob sua direção. Lugosi está no fim da carreira e da vida. Viciado em drogas, muito doente e esquecido. Nada, absolutamente nada, consegue tirar o ânimo e o otimismo de Ed Wood, um diretor extremamente carinhoso com seus atores. Carinho esse também demonstrado por Tim Burton para com todas as personagens de seu filme. Preste atenção na sequência em que Ed Wood, o pior dos diretores, se encontra por acaso em um bar com Orson Welles (Vincent D'Onofrio), que dirigiu *Cidadão Kane*, considerado o melhor filme de todos os tempos. Não sei se esse encontro aconteceu de verdade. Seja como for, é um dos muitos pontos altos dessa bela e emocionante obra-prima que destaca acima de tudo um profundo e verdadeiro amor pela Sétima Arte.

AMOR À FLOR DA PELE
FA YEUNG NIN WA
CHINA 2000

Direção: Wong Kar-Wai

Elenco: Tony Leung Chiu Wai, Maggie Cheung, Ping Lam Siu, Paulyn Sun, Rebecca Pan, Lai Chen e Siu Ping. Duração: 98 minutos. Distribuição: Versátil.

O diretor e roteirista chinês Wong Kar-Wai costuma ser acusado de esteta, um artista que só se preocupa com a forma. É verdade que seus filmes são esteticamente perfeitos e dotados de um rigor visual impecável. Mas é verdade também que suas histórias são ricas em sentimento, conteúdo e sensualidade. A trama de *Amor à Flor da Pele* se passa em Hong Kong, no início dos anos 1960. O jornalista Chow (Tony Leung Chiu Wai) se muda com a esposa para um quarto de um prédio. Lá ele conhece Li-Chun (Maggie Cheung), que já mora no lugar com o marido, uma espécie de representante comercial. Os dois se tornam amigos, conversam bastante e terminam por descobrir que seus respectivos companheiros são amantes. É justamente nesse ponto que Kar-Wai se distancia do lugar-comum e estabelece um clima de tensão sexual constante. Além da beleza das imagens e da elegância da montagem, outro ponto alto do filme é sua trilha sonora. Sem esquecer, é claro, o carisma e a química do casal principal. Não espere encontrar uma história romântica convencional em *Amor à Flor da Pele*. Nada vem fácil nas histórias criadas por Wong Kar-Wai. Dono de um estilo narrativo único, seus filmes são como um belo prato de comida. Primeiro você come com os olhos e depois de prová-lo, descobre que além de bonito, o sabor é inigualável. Em tempo: Quatro anos depois, Kar-Wai dirigiu uma espécie de continuação deste filme, que recebeu o título de *2046*.

O PROFETA
UN PROPHÈTE
FRANÇA 2009

Direção: Jacques Audiard

Elenco: Tahar Rahim, Niels Arestrup, Adel Bencherif, Hichem Yacoubi, Reda Kateb e Slimane Dazi. Duração: 155 minutos. Distribuição: Sony.

Quando foi lançado em 2009, *O Profeta*, de Jacques Audiard, foi comparado ao nosso *Cidade de Deus* e também foi chamado de *O Poderoso Chefão* francês. Além dessas duas influências, é visível em cada fotograma ecos da obra de Quentin Tarantino, presente nos diálogos inspirados e principalmente, na trilha sonora. Ao longo daquele ano recebeu diversas indicações e ganhou algumas delas, como o Bafta, da Academia Britânica, na categoria de melhor filme estrangeiro. Com um roteiro ágil escrito a oito mãos por Jacques Audiard, Thomas Bidegain, Abdel Raouf Dafri e Nicolas Peufaillit, *O Profeta* conta a trajetória de Malik El Djebena (Tahar Rahim), um jovem de 19 anos, analfabeto e de origem árabe. Ele é preso e ao contrário do que possa parecer, a prisão se transforma em um curso intensivo de aprendizagem e graduação nas artes do crime e da sobrevivência. Audiard mostra sem máscaras o funcionamento do sistema carcerário, onde Malik é obrigado por César (Niels Arestrup), chefe da gangue que controla o lugar, a executar diversas tarefas, de tráfico de drogas até assassinatos. Aos poucos, ele conquista a confiança do líder, porém, em segredo, ele desenvolve seus próprios planos. Com um roteiro bem escrito, atores mais que perfeitos (e não por acaso vencedores de diversos prêmios de interpretação) e uma direção segura e de extrema criatividade, *O Profeta* é um filme, sem trocadilhos, poderoso. E de quebra, ainda usa como pano de fundo o fim da moeda francesa, o franco, e a adoção da nova moeda comum adotada pela União Européia, o euro. A prisão funciona como um microcosmo dessa Europa, unida pelo dinheiro, porém, cheia de conflitos internos por conta de suas misturas raciais, étnicas e culturais. Basta prestar atenção na amassada nota de 50 francos que Malik carrega no bolso quando é preso. Isso é só a ponta do iceberg.

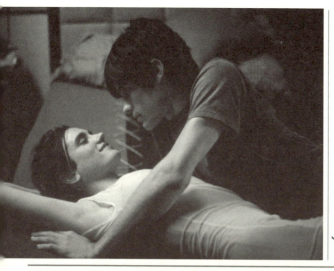

RÉQUIEM PARA UM SONHO
- REQUIEM FOR A DREAM -
EUA 2000

Direção: Darren Aronofsky

Elenco: Ellen Burstyn, Jared Leto, Jennifer Connelly, Marlon Wayans, Chris McDonald e Louise Lasser e Marcia Jean Kurtz. Duração: 102 minutos. Distribuição: Europa.

O hoje disputado diretor Darren Aronofsky estava em começo de carreira. *Réquiem Para Um Sonho* foi seu segundo trabalho. Antes ele havia dirigido *Pi*, um filme que fez muito sucesso em festivais. Adaptado do livro de mesmo nome escrito por Hubert Selby Jr., com roteiro do próprio autor em parceria com o diretor, a trama aborda vícios diversos e pode ser resumido como uma descida ao inferno. Harry (Jared Leto) gostaria de ser rico. Marion (Jennifer Connelly), sua namorada, queria ter uma grife. Sua mãe, Sara (Ellen Burstyn) quer apenas que seu filho se case e seja feliz, porém, sonha emagrecer para assim poder usar um vestido chique que guarda no armário e participar de um programa de TV. Tyrone (Marlon Wayans), amigo de Harry, sempre carrega alguma droga no bolso. O fator comum à vida dos quatro: são todos viciados. E pior, não têm a noção precisa do problema que enfrentam. Aronofsky conta sua história com cores fortes e situações mais fortes ainda. Não há espaço para compaixão, muito menos um momento de redenção. A pedra pesada que cada um deles carrega leva-os cada mais para baixo e, por mais estranha que seja a sensação de acompanhar essa queda, o filme vai nos viciando também. Seja pela construção do roteiro ou pelo trabalho soberbo dos atores, em especial Ellen Burstyn, que quando aparece rouba a cena. Seja pela direção inventiva ou pela montagem espetacular. Seja pela fotografia às vezes carregada, às vezes suave ou pela trilha sonora hipnótica. Não importa. *Réquiem Para Um Sonho* é daqueles filmes que a gente continua falando tempos e tempos depois do "*the end*".

ESTÔMAGO
BRASIL 2007

Direção: Marcos Jorge.

Elenco: João Miguel, Babu Santana, Fabíula Nascimento, Carlo Briani, Zeca Cenovicz, Paulo Miklos, Jean Pierre Noher, Andrea Fumagalli, Luiz Brambila e Pedro Moreira.
Duração: 113 minutos. Distribuição: Europa.

Dirigido pelo curitibano Marcos Jorge, *Estômago* não pretende tratar da alta gastronomia. O roteiro, escrito pelo próprio diretor, junto com Cláudia da Natividade, Lusa Silvestre e Frabrizio Donvito, tem por intenção mostrar a rotina de uma pessoa comum que frequenta boteco e restaurante de "PF" (prato feito). Isto é representado pelas "coxinhas" que o retirante Nonato, vivido pelo ator João Miguel, aprende a fazer como ninguém. Na trama ele aprimora seu talento natural e chega até a trabalhar em um fino restaurante italiano. O diretor utiliza uma narrativa não-linear para compor um painel humano dos mais simbólicos. Em essência, o filme fala mesmo é de relações de poder e neste ponto, a cozinha, ou melhor, nosso "estômago", tem papel fundamental. É assim que Nonato vai marcando seu território e ascendendo dentro de todos os ambientes por onde trafega, seja o boteco, o restaurante ou o presídio. A câmara de Marcos Jorge tem um carinho especial pela personagem principal, mas, não tira o foco do elenco de apoio. Zulmiro (Zeca Cenovicz), Íria (Fabíula Nascimento), Giovanni (Carlo Briani) e Bujiú (Babu Santana) também brilham. Basta ver as cenas em que Zulmiro ensina Nonato a fazer coxinhas ou a que Íria abre a geladeira de madrugada para comê-las. Ou ainda nas sequências em que Giovanni apresenta a cozinha e ensina como comprar os produtos e por último, a grande ceia dentro do presídio. *Estômago* vai sempre além do que é mostrado e seus aspectos técnicos ajudam sobremaneira a realçar as qualidades do roteiro e da direção. Merecem destaque a bela trilha sonora composta pelo italiano Giovanni Venosta; a fotografia criativa de Toca Seabra; a montagem envolvente de Luca Alverdi e os cenários criados por Jussa Perussolo. Tudo em *Estômago* trabalha a favor da história. Preste atenção no primeiro e no último plano. Eles são engenhosamente complementares.

BATMAN - O CAVALEIRO DAS TREVAS
THE DARK KNIGHT
EUA 2008

Direção: Christopher Nolan

Elenco: Christian Bale, Heath Ledger, Aaron Eckhart, Michael Caine, Morgan Freeman, Gary Oldman, Maggie Gyllenhaal, Cillian Murphy, Eric Roberts e Anthony Michael Hall. Duração: 152 minutos. Distribuição: Warner.

A carta de baralho que Jim Gordon mostra ao justiceiro de Gotham City no final de *Batman Begins* já antecipava quem seria o vilão da continuação do filme dirigido por Christopher Nolan em 2005. O que ninguém esperava é que *Batman – O Cavaleiro das Trevas* não só superasse o original, mas se tornasse uma das melhores adaptações de quadrinhos da história do Cinema. Nolan, que escreveu o roteiro junto com seu irmão Jonathan, a partir de um argumento dele próprio e de David S. Goyer, conseguiu realizar um filme transcendente. *Batman – O Cavaleiro das Trevas* é mais que um filme de herói inspirado em uma HQ. A estrutura narrativa escolhida pelo cineasta é a de um policial. Tudo começa cerca de um ano depois dos acontecimentos do primeiro filme. Os chefões do crime organizado não sabem mais o que fazer. A figura do Batman desestabilizou as relações de poder que eles tinham. Neste meio tempo, o promotor Harvey Dent (Aaron Eckhart), de maneira implacável, está levando muitos dos criminosos para a cadeia. Surge então o Coringa e as coisas tomam um rumo inesperado. Nolan não só escreve e dirige muito bem cenas de ação, como também é um excelente escalador de elenco e diretor de atores. Absolutamente todos estão fantásticos, mas, seria injusto não destacar o trabalho mais que soberbo de Heath Ledger como Coringa. Ele, que morreu prematuramente poucos meses antes da estreia do filme, compõe um vilão anárquico inigualável. O Coringa de Ledger não é um palhaço como foi Cesar Romero na série de TV dos anos 1960 ou o Jack Nicholson do *Batman* de Tim Burton. Ele não tem freio algum. Seu objetivo é um só: o caos total. A maneira como ele é apresentado é de uma eficiência sem paralelo, pois resume em uma breve cena a essência da personagem. E ainda tem gente que acha que filme de super-herói é coisa de criança.

A FITA BRANCA
DAS WEISSE BAND – EINE DEUTSCHE KINDERGESCHICHTE
ALEMANHA/ÁUSTRIA 2009

Direção: Michael Haneke

Elenco: Christian Friedel, Ernst Jacobi, Leonie Benesch, Ulrich Tukur, Ursina Lardi, Fion Mutert, Michael Kranz, Burghart Klaußner, Steffi Kühnert e Maria-Victoria Dragus. Duração: 144 minutos. Distribuição: Imovision.

O cineasta austríaco Michael Haneke nunca foi um diretor/roteirista de meias palavras ou adepto de concessões e tons suaves em suas histórias. Vendo seus filmes, podemos detestá-los ou adorá-los, porém, nunca ficamos indiferentes. Formado em Filosofia e Psicologia e com passagens pela televisão e pelo teatro, Haneke é também professor de cinema e sempre tem algo a dizer. Em *A Fita Branca*, filme que escreveu e dirigiu em 2009, ele fala sobre estranhos eventos que perturbam a calma de uma pequena vila no interior da Alemanha, às vésperas da Primeira Guerra Mundial. Aparentemente isolados, esses "incidentes" aos poucos vão se revelando parte de algo maior e assustador, o que deixa a população do lugar em pânico. O professor da escola local (Christiani Friedel) investiga os acontecimentos à procura do responsável e termina por descobrir uma verdade perturbadora. Segundo Haneke, *A Fita Branca* trata da gênese do nazismo. A rigorosa disciplina imposta pelos pais do vilarejo, que tem como símbolo maior a "fita branca" do título, estaria na raiz da postura rancorosa e punitiva de boa parte dos jovens alemães que anos mais tarde apoiaram Hitler. A bela e impactante fotografia em preto-e-branco de Christian Berger reforça ainda mais o clima tenso do filme. Haneke nos provoca, nos instiga a pensar... e isso é muito bom.

Direção: Michel Gondry

Elenco: Jim Carrey, Kate Winslet, Tom Wilkinson, Mark Ruffalo, Kirsten Dunst, Elijah Wood, Jane Adams, David Cross, Deirdre O'Connell, Debbon Ayer e Thomas Jay Ryan. Duração: 108 minutos. Distribuição: Universal.

O mais comum é o público ser atraído para ver um filme por causa de seus atores. Em segundo lugar, há casos em que o público é atraído pelo diretor. Muito raramente o roteirista de um filme é o motivo dessa atração. Esse é o caso de Charlie Kaufman, que escreve histórias que, no senso geral, somente ele poderia conceber. O curioso nos roteiros de Kaufman é que eles exigem que você "compre" a premissa integralmente. Em *Brilho Eterno de Uma Mente Sem Lembranças*, dirigido em 2004 pelo francês Michel Gondry, vivemos em um mundo onde é possível ir a uma clínica e apagar da memória as lembranças ruins. Joel (Jim Carrey) se apaixona por Clementine (Kate Winslet). Após um período de felicidade, o relacionamento acaba. Tempos depois, Joel descobre que Clementine o apagou de sua memória. Inconformado, ele decide fazer o mesmo. Porém, quando o processo tem início ele percebe que não pode viver sem aquelas lembranças, por mais dolorosas que sejam, elas fazem parte de sua vida. Ele então começa a criar atalhos e a esconder suas lembranças de Clementine em diferentes lugares de sua mente. Resumindo assim parece que o filme é absurdo e sem sentido. Como eu já disse, é preciso "comprar" a ideia da trama. *Brilho Eterno* é, antes de tudo, uma história de amor. E como tal, defende o princípio básico de qualquer relação: a necessidade de uma memória. Comparado com os outros roteiros escritos por Kaufman, este talvez seja o "simples", se isso for possível. Gondry, que é um dos autores do argumento, conduz essa viagem pela mente humana com maestria e consegue registrar em imagens o que se passa na cabeça de Joel sem nunca perder o foco. O elenco também é um "brilho" à parte, em especial Carrey e Winslet, acompanhado de um divertido elenco de apoio.

CARTAS DE IWO JIMA
LETTERS FROM IWO JIMA
EUA 2006

Direção: Clint Eastwood

Elenco: Ken Watanabe, Kazunari Ninomiya, Tsuyoshi Ihara, Ryo Kase, Shidou Nakamura e Nae Yuki. Duração: 140 minutos. Distribuição: Warner.

Em 2005 o cineasta Clint Eastwood assumiu um projeto duplo: contar a história do confronto entre soldados americanos e japoneses na chamada Guerra do Pacífico, durante a Segunda Guerra Mundial. Eastwood decidiu retratar o mesmo conflito a partir de dois pontos de vista diferentes. Em *A Conquista da Honra* acompanhamos a trama do lado americano. Neste *Cartas de Iwo Jima* o foco é o lado japonês. Diretor de estilo econômico e adepto da narrativa clássica, Eastwood optou por filmar em preto e branco acinzentado, magnificamente fotografado por Tom Stern, e manter os diálogos dos protagonistas japoneses no original. Enquanto o outro filme lidava com a construção de uma imagem, aqui estamos diante de um libelo anti-guerra. O General Tadamichi Kuribayashi (Ken Watanabe), dono de uma força de vontade incomum e conhecedor de táticas de combate sem precedentes, é designado para defender seu país contra as forças invasoras do inimigo na inóspita ilha vulcânica de Iwo Jima. O filme tem um clima de fatalidade anunciada, mas isso não impede, em momento algum, que nos envolvamos com a história. Eastwood, de maneira sutil, mistura a admiração de Kuribayashi pelos Estados Unidos com o drama que ele enfrenta por conta da missão que recebe. Bastam algumas poucas lembranças e planos para estabelecer o conflito vivido pela personagem. Um conselho: o ideal é ver *A Conquista da Honra* antes de *Cartas de Iwo Jima*.

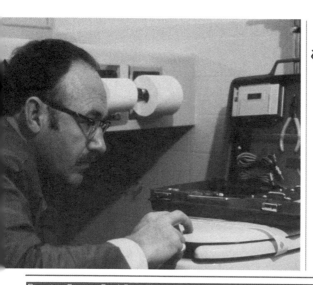

A CONVERSAÇÃO
THE CONVERSATION
EUA 1974

Direção: Francis Ford Coppola

Elenco: Gene Hackman, John Cazale, Allen Garfield, Cindy Williams, Frederic Forrest, Harrison Ford e Teri Garr. Duração: 113 minutos. Distribuição: Lume.

Escrito, dirigido e produzido por Francis Ford Coppola no hiato entre as Partes I e II de *O Poderoso Chefão*, em *A Conversação* acompanhamos a história de um especialista em escutas, Harry Caul (Gene Hackman), que vive de roubar segredos e gravar conversas alheias. Com traços paranóicos cada vez mais acentuados, ele tem uma crise de consciência quando passa a suspeitar que um casal que ele está espionando será assassinado. Coppola realiza aqui aquele tipo de filme que toda a sua geração sonhou fazer: um filme pequeno e autoral. A partir do trabalho e da vida pessoal da personagem principal, o diretor/roteirista traça um painel da sociedade da época e discute também a relação do homem com seus "brinquedos" tecnológicos. A habilidade de Coppola em conduzir sua trama é fascinante. Em princípio, não teríamos motivo algum para simpatizar com Harry, afinal, o trabalho dele é bisbilhotar a vida dos outros. Porém, a personagem é tão bem construída pelo ator Gene Hackman e a opção narrativa do diretor tão eficiente, que nos identificamos inteiramente com ele. Tenso e intenso do início ao fim, *A Conversação* é mais uma obra-prima de Coppola realizada em um dos períodos mais criativos e produtivos de sua carreira. Uma curiosidade: Tony Scott faz uma bela homenagem a Harry Caul no filme *Inimigo do Estado*, que ele dirigiu em 1998.

À TODO VOLUME
IT MIGHT GET LOUD
EUA 2008

Direção: Davis Guggenheim

Elenco: Jimmy Page, The Edge e Jack White. Duração: 98 minutos. Distribuição: Sony.

O cineasta Davis Guggenheim dirigiu diversos episódios de séries de TV e realizou alguns documentários. Um deles ganhou dois Oscar e chamou muita atenção em 2006, *Uma Verdade Inconveniente*, apresentado pelo ex-vice-presidente americano Al Gore. Em *À Todo Volume* ele resolveu falar sobre a guitarra elétrica e para tanto, convidou três grandes guitarristas de três gerações diferentes: Jimmy Page (do Led Zeppelin), The Edge (do U2) e Jack White (do White Stripes). A primeira sequência do filme é inspiradíssima ao mostrar Jack White montando uma guitarra a partir de um pedaço de madeira, algumas cordas de aço e uma garrafa de vidro. A partir daí, as personagens são apresentadas e, aos poucos, a história do instrumento e a de cada um deles vai sendo contada até que o filme atinge um nível que mistura camaradagem e admiração entre o grupo. A camaradagem é geral. A admiração é destinada ao mais experiente e respeitados dos três: Jimmy Page. A cena que ele toca o refrão de *Whole Lotta Love* deixa The Edge e Jack White de queixo caído. Alguns truques e segredos são revelados, para alegria dos fãs de rock. Um filme sem maiores pretensões, a não ser a de mostrar três talentosos artistas conversando sobre seus processos criativos e a relação que cada um tem com a guitarra. Só resta então fazer o que o título pede e aumentar o volume.

VAMPIROS DE ALMAS
INVASION OF THE BODY SNATCHERS
EUA 1956

Direção: Don Siegel

Elenco: Kevin McCarthy, Virginia Christine, Dana Wynter, Larry Gates, Carolyn Jones e King Donovan. Duração: 80 minutos. Distribuição: Continental.

Anos 1950. Auge da Guerra Fria entre Estados Unidos e União Soviética. Um período em que Hollywood utilizou o cinema de ficção-científica e de terror como metáfora de uma possível invasão comunista. Eram tempos carregados de paranoia e *Vampiros de Almas* conseguiu expressar esse sentimento. Tudo acontece em Santa Mira, uma pequena cidade do interior da Califórnia. O Dr. Miles (Kevin McCarthy) volta de um congresso médico e acha estranho os relatos de muitos de seus pacientes que insistem em dizer que seus familiares são impostores. Mais do que focar sua trama no inimigo vermelho, o filme, na verdade, discute o Macarthismo que, em nome da defesa dos valores americanos, perseguia inocentes pelo simples fato de julgá-los subversivos. O diretor Don Siegel não perde tempo com explicações inúteis. Seu filme é direto e urgente e serve para debater até que ponto nosso conformismo nos faz permitir que nossas liberdades individuais sejam tolhidas em nome de um aparente senso de segurança.

AKIRA

AKIRA

JAPÃO 1988

Direção: Katsuhiro Otomo

Animação. Duração: 124 minutos. Distribuição: Focus.

Primeiro veio o mangá, lançado no Japão em 1982. Seis anos depois, o mesmo Katsuhiro Otomo dirigiu também o longa-metragem de animação da história. *Akira* se passa em um futuro próximo e pós-apocalíptico. Kaneda é um líder da gangue de motoqueiros. Um de seus amigos, Tetsuo, se envolve em um projeto secreto do governo chamado "Akira", que explora pessoas com grandes poderes paranormais. A ação acontece em Neo-Tóquio, um lugar devastado e repleto de facções das mais diversas: de ativistas anti-governo, passando por políticos corruptos, cientistas e forças militares. Kaneda recorre a todos eles para pedir ajuda. O caos aumenta quando Tetsuo recebe uma poderosa força sobrenatural e imprevisível. Otomo manteve no anime a mesma dinâmica e textura do mangá. *Akira* tem um visual impactante e não exige do espectador ter lido a história impressa previamente. O mundo mostrado no filme não é muito diferente de nosso tempo presente. Na verdade, ele potencializa os problemas que enfrentamos hoje: jovens alienados, governos corruptos e corporações industriais inescrupulosas. Pode até soar um pouco batido, mas ainda funciona muito bem.

O CHEIRO DO RALO
BRASIL 2006

Direção: Heitor Dhalia

Elenco: Selton Mello, Paula Braun, Lourenço Mutarelli, Flávio Bauraqui, Fabiana Guglielmetti, Sílvia Lourenço, Martha Meola, Suzana Alves e Paulo Alves. Duração: 112 minutos. Distribuição: Universal.

O universo retratado nas tramas criadas pelo autor de quadrinhos e escritor Lourenço Mutarelli é bastante peculiar. Quem, além dele, escreveria uma história intitulada *O Cheiro do Ralo*? A ação tem lugar em uma loja que compra e vende objetos usados. O dono do pedaço, Lourenço, personagem de Selton Mello, tem uma relação perversa com seus clientes. Ele aproveita o momento frio da negociação, quando as pessoas estão fragilizadas por conta de algum problema financeiro e sente prazer em explorá-las. Ele não faz distinção entre as pessoas e seus objetos. Para Lourenço, tudo e todos têm um preço. Só existe uma coisa que tira ele de seu mundinho controlado: o fedor que vem do ralo da loja. Paralelo a isso, ele fica obcecado pela bunda da garçonete do bar que ele costuma frequentar. O diretor Heitor Dhalia adaptou com fidelidade o livro de Mutarelli em parceria com Marçal Aquino. O filme consegue recriar em imagens um mundo cheio de personagens estranhas, curiosas e únicas. A direção e a montagem ágeis permitem um desencadear de cenas que deixam o espectador completamente envolvido. E Selton Mello, perfeito na composição de Lourenço, encontra o ponto certo ao dar vida a uma personagem aparentemente tão asquerosa, porém, carregada de enorme empatia por conta de sua interpretação. Uma curiosidade: o próprio Lourenço Mutarelli faz uma ponta no filme como segurança da loja.

A VIDA DOS OUTROS
DAS LEBEN DER ANDEREN
ALEMANHA 2006

Direção: Florian Henckel von Donnersmarck
Elenco: Martina Gedeck, Ulrich Mühe, Sebastian Koch, Ulrich Tukur, Thomas Thieme, Hans-Uwe Bauer, Volkmar Kleinert, Matthias Brenner, Charly Hübner e Herbert Knaup.
Duração: 138 minutos. Distribuição: Europa.

O fim da Guerra Fria entre americanos e soviéticos deixou o cinema de espionagem um pouco órfão. Em compensação, algumas produções souberam explorar situações que não tinham espaço nas tramas que envolviam os agentes secretos. O filme alemão *A Vida dos Outros* baseia-se em uma história real que aconteceu na antiga Alemanha Oriental na primeira metade dos anos 1980. Vemos aqui o trabalho de vigilância do governo, que acompanhava atentamente a vida de todos aqueles que eram considerados inimigos potenciais do Estado. É o caso de Christa (Martina Gedeck), atriz popular que namora Georg (Sebastian Koch), o mais conhecido dramaturgo do país e um dos poucos que consegue enviar textos para o outro lado da fronteira. Como os dois são suspeitos de serem infiéis às ideias comunistas, eles passam a ser observados pelo frio e calculista Capitão Gerd (Ulrich Mühe), o mais temido agente do serviço secreto. A partir daí, se estabelece um interessante jogo de observação e consequente admiração. Quanto mais Gerd vigia, mas fascinado fica pelas vidas e personalidades de Georg e Christa. Em seu primeiro longa-metragem, o diretor e roteirista Florian Henckel von Donnersmarck revela um domínio narrativo completo e nos apresenta um mundo fascinante e desconhecido sustentado por personagens complexas e bem construídas que nos passam, acima de tudo, caráter e humanidade.

LOLITA
LOLITA
INGLATERRA 1962

Direção: Stanley Kubrick

Elenco: James Mason, Peter Sellers, Shelley Winters, Sue Lyon, Gary Cockrell, Lois Maxwell e Shirley Douglas. **Duração:** 152 minutos. **Distribuição:** Warner.

O cineasta americano Stanley Kubrick nunca foi um diretor de fácil relacionamento. Dono de um gênio único e incontestável, ele se envolveu em dois grandes conflitos de ideias que terminaram por provocar seu auto-exílio na Inglaterra. O primeiro com Kirk Douglas durante as filmagens de *Spartacus* e o segundo com Marlon Brando, que por causa da briga, assumiu a direção do faroeste *A Face Oculta*. Kubrick se mudou para Londres, de onde nunca mais saiu. *Lolita*, baseado no polêmico romance de Vladimir Nabokov, é o marco inicial dessa nova fase na qual ele passou a ter controle artístico absoluto sobre sua obra. O filme, assim como o livro, trata da paixão obsessiva de um homem maduro pela filha adolescente de sua esposa. No caso, o professor Humbert (James Mason), que se casa por conveniência com Charlotte (Shelley Winters), e se apaixona pela filha dela, Lolita (Sue Lyon). O problema maior é que a ninfeta também chama a atenção de outros homens. Kubrick, também autor do roteiro, ele próprio um obcecado perfeccionista, filma tudo com elegância e precisão. Cada cena e enquadramento são meticulosamente pensados e envolvem o espectador por completo, do começo ao fim. Se você nunca tiver assistido a um filme dirigido por Stanley Kubrick, *Lolita* é uma excelente porta de entrada para o universo desse genial mestre da Sétima Arte.

O ULTIMATO BOURNE
THE BOURNE ULTIMATUM
EUA 2007

Direção: Paul Greengrass

Elenco: Matt Damon, Julia Stiles, Scott Glenn, Joan Allen, David Strathairn, Albert Finney, Daniel Brühl, Édgar Ramírez e Paddy Considine. Duração: 115 minutos. Distribuição: Universal.

Quando foi lançado *A Identidade Bourne*, dirigido por Doug Liman em 2002, o mundo conheceu um novo tipo de agente secreto. Até aquele momento, James Bond era o modelo máximo. Jason Bourne, vivido por Matt Damon, estabeleceu um novo padrão que influenciou a mudança mais radical sofrida por 007 desde sua criação. O segundo filme, *A Supremacia Bourne*, lançado em 2004, com direção de Paul Greengrass, mostrou que o que era bom podia ficar melhor. E este terceiro, *O Ultimato Bourne*, também dirigido por Greengrass, lapidou Bourne por completo. Baseado na série de livros de Robert Ludlum, a "trilogia Bourne" teve todos os roteiros escritos por Tony Gilroy e narram a história de um agente desmemoriado em busca de sua verdadeira identidade. Em *O Ultimato Bourne* esta busca chega ao fim. Greengrass é um diretor egresso do cinema documental e filma suas tramas com uma urgência perturbadora. A câmara está sempre na altura dos ombros e acompanha as personagens sem descanso. Tudo começa minutos depois da ação do segundo filme. À procura de seu passado, Bourne viaja por Moscou, Paris, Londres, Tanger e, finalmente, Nova York. Matt Damon prova mais uma vez que é um grande ator. Ele consegue, ao mesmo tempo, nos mostrar fragilidade e vigor e faz com que sua personagem seja inteiramente crível. É cinemão "made in Hollywood"? Sim! Porém, da melhor qualidade e com bastante conteúdo.

A MOCIDADE DE LINCOLN
YOUNG MR. LINCOLN
EUA 1939

Direção: John Ford

Elenco: Henry Fonda, Alice Brady, Marjorie Weaver, Arleen Whelan, Richard Cromwell, Pauline Moore, Donald Meek, Eddie Collins e Judith Dickens. Duração: 100 minutos. Distribuição: Silver Screen.

O ano de 1939 foi particularmente produtivo para o cineasta John Ford. Em apenas 12 meses ele realizou três grandes filmes: *No Tempo das Diligências*, *Ao Rufar dos Tambores* e *A Mocidade de Lincoln*. Este último conta a história do primeiro caso defendido pelo jovem Abraham Lincoln em um tribunal. Ele precisa defender dois irmãos acusados de terem linchado um homem. Existem muitas maneiras de se fazer uma cinebiografia. A mais comum é tentar resumir toda a vida de uma pessoa em cerca de duas horas de filme. A maneira mais inteligente é destacar um momento emblemático da vida do biografado que agregue os aspectos mais importantes de sua personalidade. Um jovem Henry Fonda interpreta com muita convicção e empatia o jovem senhor Lincoln e Ford, ao utilizar uma estrutura narrativa aparentemente simples, transforma em imagens um período pouco conhecido da rica trajetória deste homem simples, honesto e dedicado que, anos mais tarde, se tornaria um dos mais importantes presidentes dos Estados Unidos. Uma grande história contada por um grande diretor. Maior do que a vida, como os americanos costumam dizer.

A PROMESSA
THE PLEDGE
EUA 2001

Direção: Sean Penn

Elenco: Jack Nicholson, Vanessa Redgrave, Benicio Del Toro, Aaron Eckhart, Helen Mirren, Michael O'Keefe, Robin Wright, Mickey Rourke, Sam Shepard e Harry Dean Stanton. Duração: 123 minutos. Distribuição: Imagem.

O ator Sean Penn dirigiu poucos filmes, no entanto, sua filmografia como diretor é de uma consistência ímpar. *A Promessa*, seu terceiro trabalho por trás das câmaras, traz Jack Nicholson no papel do Jerry Black, um policial veterano que vive em Nevada. Às vésperas da aposentadoria, em seu último dia na delegacia, ele é designado para checar o local onde ocorreu um crime bárbaro, o assassinato de uma garota de sete anos e avisar a família do ocorrido. Diante do desespero da mãe da menina, Jerry faz a "promessa" que dá título ao filme e assume o compromisso de que encontrará o culpado. Mesmo aposentado, ele mantém o que disse e continua as investigações. O estilo Sean Penn de direção é seco e direto. Não há da parte dele nenhuma preocupação ou necessidade de exibir domínio técnico. O foco está sempre na história e no trabalho dos atores, algo mais que natural em se tratando de um artista com a sua experiência. *A Promessa* é um policial tenso, sombrio, angustiante e que não se dobra às convenções do gênero.

A VILA
THE VILLAGE
EUA 2004

Direção: M. Night Shyamalan

Elenco: Joaquin Phoenix, Bryce Dallas Howard, Adrien Brody, William Hurt, Sigourney Weaver, Brendan Gleeson, Cherry Jones, Michael Pitt, Jesse Eisenberg e Judy Greer. **Duração:** 108 minutos. **Distribuição:** Buena Vista.

Nem sempre é bom quando um artista chama muito a atenção em seus primeiros trabalhos. Quando o cineasta americano de origem indiana M. Night Shyamalan realizou *O Sexto Sentido*, em 1999, foi apontado como gênio e por conta da grande surpresa daquele filme, criou-se, a partir daí, uma enorme expectativa em relação aos seus trabalhos seguintes. De certa forma, Shyamalan, que é um diretor de muito talento, ficou estigmatizado. Não foi diferente com *A Vila*, lançado em 2004. Aqui, acompanhamos o dia-a-dia de uma pequena e isolada aldeia que vive sob a contínua ameaça de criaturas que habitam seus arredores. Existe uma espécie de pacto entre os aldeões e os seres estranhos que moram na floresta. Um dos jovens moradores da vila, Lucius Hunt (Joaquin Phoenix) decide explorar a região além da floresta e essa ação provoca uma ruptura no tênue acordo existente. Mais uma vez Shyamalan desenvolve sua história como uma parábola e faz de *A Vila* um espelho da sociedade americana. Munido de um elenco dos sonhos, o diretor-roteirista-ator (ele faz uma ponta no filme) discute, metaforicamente, a violência urbana e questões como segurança, relações familiares e choque de gerações. Shyamalan conduz sua trama com habilidade e sutileza e nos reserva boas "surpresas", que funcionam muito bem, principalmente, se o espectador não criar expectativas grandes demais e esperar ver um novo *O Sexto Sentido*.

INTRIGAS DE ESTADO
STATE OF PLAY
EUA 2009

Direção: Kevin MacDonald

Elenco: Russell Crowe, Ben Affleck, Rachel McAdams, Helen Mirren, Robin Wright Penn, Jason Bateman, Jeff Daniels e Josh Mostel. Duração: 126 minutos. Distribuição: Universal.

Adaptação para o cinema de uma minissérie de mesmo nome produzida pela BBC britânica, o filme *Intrigas de Estado*, dirigido por Kevin MacDonald, transfere a ação da Inglaterra para os Estados Unidos e começa com duas sequências aparentemente isoladas para, a partir daí, revelar uma conspiração envolvendo um congressista e, mais importante, destacar a necessidade de uma imprensa independente e investigativa. Nesse campo, somos apresentados aos jornalistas vividos por Russell Crowe e Rachel McAdams. O primeiro é um jornalista da chamada "velha escola", enquanto que a segunda escreve para o *blog* do jornal e trata a notícia de uma maneira bem distinta. As investigações das mortes do início da história terminam por unir os dois no mesmo trabalho e estabelece entre eles a clássica relação mentor/pupilo. MacDonald imprime um ritmo quase documental e extrai de todo o elenco uma interpretação extremamente convincente. Misturando gêneros diversos com competência, *Intrigas de Estado* ainda presta em sua sequência final uma bela e comovente homenagem à mídia impressa já mostrada em um filme.

A LISTA DE SCHINDLER
SCHINDLER'S LIST
EUA 1993

Direção: Steven Spielberg

Elenco: Liam Neeson, Ben Kingsley, Ralph Fiennes, Caroline Goodall, Jonathan Sagalle, Embeth Davidtz, Ludger Pistor, Beata Paluch e Beatrice Macola. **Duração:** 195 minutos. **Distribuição:** Universal.

Considerado por muitos como a obra-prima de Steven Spielberg, *A Lista de Schindler* era um projeto que originalmente seria dirigido por Martin Scorsese. Quando Spielberg decidiu assumi-lo, Scorsese teve como compensação a produção de *Cabo do Medo*. Não que Spielberg não soubesse desde o início da existência do roteiro. Ele apenas não se sentia preparado para dirigi-lo, uma vez que a história lidava com fortes elementos de sua herança judia. Spielberg iniciou as filmagens de *A Lista de Schindler* na Polônia, logo após a conclusão de *Jurassic Park*, cuja montagem ele acompanhou através de videoconferência. O filme conta a história real de Oskar Schindler (Liam Neeson), um vaidoso e ambicioso industrial alemão que durante o regime nazista termina por salvar a vida de 1.100 judeus. Por decisão do diretor, o filme foi fotografado em preto-e-branco por Janusz Kaminski. Spielberg disse que não conseguia enxergar aquele período em cores. Além da carismática personagem principal, vivida com segurança por Neeson, outra forte presença em cena é a do oficial nazista Amon Goeth, interpretado pelo então desconhecido Ralph Fiennes. *A Lista de Schindler* foi o grande vencedor do Oscar 1994, quando conquistou sete prêmios: melhor filme, direção, roteiro adaptado, fotografia, montagem, cenografia e trilha sonora. Preste atenção na sequência de apresentação de Oskar Schindler, um primor de concisão cinematográfica.

ALIENS - O RESGATE
ALIENS
EUA 1986

Direção: James Cameron

Elenco: Sigourney Weaver, Carrie Henn, Michael Biehn, Lance Henriksen, Paul Reiser, Bill Paxton, William Hope, Jenette Goldstein, Al Matthews, Mark Rolston e Ricco Ross. Duração: 154 minutos. Distribuição: Fox.

James Cameron ainda não era o "rei do mundo", mas por conta do enorme sucesso de seu filme anterior, *O Exterminador do Futuro*, a Fox entregou a ele o roteiro e a direção da primeira continuação de *Alien – O Oitavo Passageiro*, dirigido em 1979 por Ridley Scott. Cameron aplicou aqui suas regras para sequências. Segundo ele, quando se realiza uma continuação é preciso mantém a essência do original, acrescentar novos elementos e turbinar tudo. Foi exatamente isso que ele fez em *Aliens – O Resgate*. O plural do título já dá uma ideia da "turbinada" que Cameron imprimiu. A ação acontece 57 anos depois dos acontecimentos na Nostromo. Ellen Ripley (Sigourney Weaver), depois de vagar congelada pelo espaço por pouco mais de meio século, chega à Terra e é interrogada pela companhia para a qual trabalhava. Uma série de eventos faz com que ela participe de uma nova missão que a colocará outra vez em contato com a raça alienígena do filme anterior. Agora não é apenas um, são muitos e com a mãe deles todos junto. Cameron apresenta todo o seu arsenal técnico e narrativo para contar uma história que preserva características comuns em sua obra, como: personagens femininas fortes e o mau uso da tecnologia e/ou a crença cega nela. Diferente da obra de Scott, *Aliens – O Resgate* tem pouca introspecção, mas define bem suas personagens e carrega no movimento, na ação desenfreada. Enfim, um filme à altura de seu antecessor e, em alguns momentos, até superior a ele.

O PÂNTANO
LA CIÉNAGA
ARGENTINA 2000

Direção: Lucrecia Martel

Elenco: Mercedes Morán, Graciela Borges, Martín Adjemián, Leonora Balcarce, Silvia Baylé, Juan Cruz Bordeu, Sofia Bertolotto, Noelia B. Herrera e Andrea López. Duração: 102 minutos. Distribuição: VideoFilmes.

A cineasta argentina Lucrecia Martel é um dos nomes mais promissores do cinema latino atual. Depois de realizar alguns curtas e documentários, ela estreou na direção de longas no ano 2000 com *O Pântano*. É comum a crítica nacional tecer comparações entre o nosso cinema e o cinema feito por nossos hermanos. É óbvio que existem grandes diferenças culturais entre os dois países e suas filmografias, porém, é preciso reconhecer, eles vem realizando uma obra mais coesa, sintonizada e em diálogo constante com seu povo e sua história. Em *O Pântano*, com roteiro escrito pela própria Martel, acompanhamos duas famílias em férias em uma cidade do noroeste argentino. A casa onde eles ficam é pequena demais para acomodá-los confortavelmente. O calor de fevereiro, o grande números de pessoas em um mesmo espaço, a piscina suja onde só se coloca os pés, uma vaca agonizando em um lamaçal da região, todas essas imagens são trabalhadas pela diretora-roteirista de maneira hábil e metafórica. Além do que vemos, há também algo invisível que vamos percebemos aos poucos. Feridas que não foram cicatrizadas e um contido ódio violento e venenoso que começa a ser destilado. *O Pântano* não é um filme fácil, muito menos agradável, mas tem algo a dizer e não mede palavras para fazê-lo.

O EQUILIBRISTA
MAN ON WIRE
EUA/INGLATERRA 2008

Direção: James Marsh

Elenco: Philippe Petit, Jean François Heckel e Jean-Louis Blondeau. Duração: 94 minutos. Distribuição: Califórnia.

Nova York. Sul de Manhattan. World Trade Center. Manhã de 07 de agosto de 1974. Um dia histórico. Todos os olhares voltados para o alto. O francês Philippe Petit se equilibra em um cabo de aço preso entre as duas torres do maior edifício do mundo. Nesta produção conjunta da BBC e do Discovery Channel, o diretor James Marsh resgata o que muitos consideram o "crime artístico do século". Misturando imagens de arquivo da época com depoimentos colhidos 34 anos depois, Marsh recupera e valoriza a ousadia de Petit, que, de maneira emocionante relembra com riqueza de detalhes o dia em que pôs em risco a própria vida ao atravessar de um prédio para o outro caminhando bem devagar, enfrentando um forte e frio vento e tendo como suporte apenas uma vara em fino equilíbrio e absoluta precisão. O premiado documentário *O Equilibrista* já valeria a conferida apenas pelo fato de expor essa história, porém, suas qualidades superam todas as expectativas que vamos criando à medida que o filme avança e que terminam por nos derrubar por completo. Uma prova incrível de coragem e superação e também uma bela homenagem, ainda que involuntária à beleza e imponência das torres gêmeas do World Trade Center.

O SHOW DEVE CONTINUAR
ALL THAT JAZZ
EUA 1979

Direção: Bob Fosse

Elenco: Roy Scheider, Jessica Lange, Ann Reinking, Leland Palmer, Cliff Gorman, John Lithgow, Erzebet Foldi e Ben Vereen. Duração: 123 minutos. Distribuição: Fox.

"Eles dizem que as luzes de neon são brilhantes na Broadway. Eles dizem que sempre há mágica no ar". Todos os dias, ao som do Concerto em G de Vivaldi, o coreógrafo e diretor Joe Gideon se olha no espelho e começa mais um longo dia. Escrito, dirigido e coreografo por Bob Fosse, *O Show Deve Continuar* é antes de tudo um relato autobiográfico. A diferença está na maneira como Fosse cria sua própria vida em imagens carregadas de luz, sensualidade e música. Roy Scheider interpreta Gideon com intensa paixão, a mesma paixão que ele dedica a tudo que faz na vida. Uma vida que, no momento, está bem atribulada. Gideon acompanha a montagem de seu último filme, trabalha na coreografia de um novo show, lida com relacionamentos mal resolvidos, vive de excessos, enfrenta um sério problema de saúde e flerta com a morte. Bob Fosse faz uso de todo seu talento neste seu último e magistral trabalho. *O Show Deve Continuar* dividiu com *Apocalypse Now* a Palma de Ouro no Festival de Cinema de Cannes de 1979 e no ano seguinte ganhou quatro Oscar: melhor Montagem, Cenografia, Figurino e Trilha Sonora Adaptada. É hora do show, pessoal!

BRUBAKER
BRUBAKER
EUA 1980

Direção: Stuart Rosenberg

Elenco: Robert Redford, Jane Alexander, Yaphet Kotto, Murray Hamilton, David Keith, Morgan Freeman, Matt Clark, Tim McIntire, Jon Van Ness, M. Emmet Walsh e Everett McGill. Duração: 130 minutos. Distribuição: Fox.

Stuart Rosenberg não dirigiu tantos filmes assim. Também não é um diretor conhecido do grande público. No entanto, dois de seus trabalhos abordam o sistema prisional e são referências na história do cinema: *Rebeldia Indomável*, de 1967 e estrelado por Paul Newman, e este *Brubaker*, feito em 1980 e com Robert Redford no papel-título. Baseado na história real de Tom Murton, um diretor de prisão que se fez passar por prisioneiro para denunciar os abusos e os assassinatos cometidos dentro do presídio. As provas coletadas por ele revelaram uma intrincada rede de corrupção que dominava todo o sistema penitenciário do estado americano do Arkansas. Rosenberg não suaviza em momento algum e tem como aliado, além de um excelente roteiro, um elenco dedicado e politicamente engajado guiado em cena pela presença convincente e carismática de Redford. *Brubaker*, apesar de realizado em 1980, talvez seja o último representante do chamado "cinema político hollywoodiano" dos anos 1970. Preste atenção na personagem Walter, primeiro papel de destaque na telona do então desconhecido Morgan Freeman.

A ONDA
DIE WELLE
ALEMANHA 2008

Direção: Dennis Gansel

Elenco: Jürgen Vogel, Max Riemelt, Frederick Lau, Jennifer Ulrich, Christiane Paul, Jacob Matschenz, Cristina do Rego, Maximilian Vollmar e Max Mauff. Duração: 106 minutos. Distribuição: Paramount.

Os cineastas alemães não se furtam a tratar de temas espinhosos do passado recente de seu país. É comum vermos a cada ano um novo filme lidando com assuntos polêmicos que há muito pouco tempo acompanhávamos pelos noticiários da televisão. Em *A Onda*, dirigido por Dennis Gansel e inspirado em uma história real que aconteceu na Califórnia nos anos 1960, somos apresentados ao professor de ensino médio Rainer Wegner (Jürgen Vogel). Em uma de suas aulas sobre autocracia, ele percebe o desinteresse de seus alunos e propõe uma experiência: colocar em prática os mecanismos do fascismo e do poder. Wegner assume o posto de líder do grupo, cria o lema "força pela disciplina" e chama o movimento de "a onda". O que ele não esperava é que os alunos levassem tão a sério aquele experimento. E o jogo, que começou como uma tentativa de "animar" a turma, fica sério demais e difícil de controlar. Gansel utiliza um elenco de jovens atores desconhecidos, o que reforça ainda mais o senso de realidade do filme. O debate proposto pelo diretor nos faz rever alguns conceitos e deixa claro que certas ideias continuam perigosas.

CAFÉ DA MANHÃ EM PLUTÃO
BREAKFAST ON PLUTO — IRLANDA 2004

Direção: Neil Jordan

Elenco: Cillian Murphy, Stephen Rea, Brendan Gleeson, Liam Neeson, Eva Birthistle, Ian Hart, Liam Cunningham e Bryan Ferry. **Duração:** 129 minutos. **Distribuição:** Sony.

O cineasta irlandês Neil Jordan nunca gostou de contar histórias fáceis e comuns. Sua filmografia é marcada por um estilo narrativo bem pessoal e isso fica bem evidente em *Café da Manhã em Plutão*. A trama se passa nos anos 1970, no auge dos conflitos entre britânicos e irlandeses. Tudo começa quando o bebê Patrick "Kitten" Braden é abandonado na porta de uma igreja. Criado pelo padre Bernard (Liam Neeson), ele cresce e percebe que é diferente dos outros meninos. Mas isso não muda seu jeito de se comportar e se vestir. Patrick decide então ir para Londres em busca de sua mãe biológica, que teria sido "engolida" pela cidade. Ele inicia uma jornada divertida, porém, cheia de perigos e de extrema comoção. Jordan deixa claro seu carinho para com as personagens e isso cria no espectador uma forte ligação com elas. Além da direção segura, do roteiro espirituoso escrito pelo diretor em parceria com Pat McCabe, autor do livro que deu origem ao filme, *Café da Manhã em Plutão* tem o ator Cillian Murphy, que vive Patrick, em desempenho inspiradíssimo. Não é um filme que agradará todos os públicos, mas, quem se aventurar por suas cores e luzes terá boas surpresas.

BYE BYE BRASIL
BRASIL 1979

Direção: Cacá Diegues

Elenco: José Wilker, Betty Faria, Fábio Júnior, Zaira Zambelli, Jofre Soares e José Márcio Passos. **Duração:** 105 minutos. **Distribuição:** Paramount.

Bye Bye Brasil, que Carlos (Cacá) Diegues dirigiu no final dos anos 1970 é um *road movie* revelador de um Brasil cheio de Brasis. Lorde Cigano (José Wilker) e Salomé (Betty Faria) viajam pelo país com a Caravana Rolidei. Eles realizam pequenos espetáculos por lugares tão remotos e humildes que nem a televisão conseguiu chegar. A partir de um certo ponto, o sanfoneiro Ciço (Fábio Júnior) e sua mulher, Dasdô (Zaira Zambelli), se juntam ao grupo mambembe. A caravana funciona como um microcosmo da realidade nacional da época, que ainda vivia sob a ditadura militar. Mesmo passado tanto tempo, muita coisa continua igual e é aí que reside a força desse belo filme de Diegues. A opção por cores bem fortes e espaços abertos, o contato com o povo e a esperança estampada nos rostos dos pobres que assistem aos shows dos artistas revelam uma riqueza genuinamente brasileira, e por isso mesmo, única. Cacá Diegues embala seu filme com a música-tema de Chico Buarque e compõe ele também um grande e belo hino de amor ao Brasil e sua gente.

AS HORAS
THE HOURS
EUA 2002

Direção: Stephen Daldry

Elenco: Meryl Streep, Nicole Kidman, Julianne Moore, Ed Harris, Toni Collette, Claire Danes, Jeff Daniels, Stephen Dillane, Allison Janney e John C. Reilly. **Duração:** 114 minutos. **Distribuição:** Imagem.

Quem leu o livro As Horas, escrito por Michael Cunningham, teve certamente a sensação de que se tratava de uma obra infilmável. O roteirista David Hare conseguiu o que parecia impossível, e o diretor Stephen Daldry, que vinha do sucesso de *Billy Elliot*, transformou tudo em imagens. O filme *As Horas*, assim como o livro, não é fácil. Tudo gira em torno de três mulheres, que vivem em três épocas e lugares diferentes. Em comum: todas elas são marcadas por uma mesma obra literária, o livro *Mrs. Dalloway*. Nos anos 1920, na Inglaterra, acompanhamos a escritora Virginia Woolf (Nicole Kidman), autora do livro em questão, enfrentando uma crise de depressão e com fortes ideias de suicídio. No final dos anos 1940, na Califórnia, conhecemos Laura Brown (Julianne Moore), uma dona de casa que está grávida e planeja uma festa de aniversário para o marido, ao mesmo tempo em que não consegue parar de ler o livro escrito por Woolf. Nos dias de hoje, em Nova York, vive Clarissa Vaughn (Meryl Streep), uma editora de livros que é chamada pelo melhor amigo de "senhora Dalloway". Fazendo um uso inteligente de elementos metalinguísticos e misturando as histórias de maneira soberba, Daldry realiza um filme que consegue dialogar em diferentes níveis. É rico em citações literárias e dramático no trato que dispensa aos relacionamentos das personagens. O diretor também deu espaço para três grandes atrizes brilharem sem uma ofuscar as outras. Sem esquecer da bela trilha sonora composta por Philip Glass. Uma curiosidade: Preste atenção como Virginia vai guardando pedras no bolso ao longo do filme.

A DOCE VIDA
LA DOLCE VITA
ITÁLIA 1960

Direção: Federico Fellini

Elenco: Marcello Mastroianni, Anita Ekberg, Anouk Aimée, Yvonne Furneaux, Alain Cuny e Magli Noel. Duração: 173 minutos. Distribuição: Versátil.

Federico Fellini esteve na gênese do Neo Realismo italiano, quando escreveu junto com Roberto Rossellini e Sergio Amidei o roteiro de *Roma – Cidade Aberta*. Seus primeiros trabalhos como diretor seguiram o modelo neo realista, porém, foi a partir de *A Doce Vida*, realizado em 1960, que Fellini se libertou por completo e tornou-se o artista que conhecemos hoje. Neste filme acompanhamos a história de Marcello, interpretado de maneira memorável por Marcello Mastroianni, um jornalista que vive sempre rodeado de celebridades e milionários que circulam pela badalada Via Veneto. Nesse mundo cheio de flashes das câmaras dos fotógrafos, tudo é aparência e ele sente crescer cada vez mais um vazio existencial. Nada parece ter sentido. Mas Fellini não se prende apenas no drama de Marcello. Existem muitas outras histórias que seguem em paralelo traçando um rico painel da consumista e fútil sociedade italiana do pós-guerra. Carregado de belas e simbólicas imagens, *A Doce Vida* faz uma análise ao mesmo tempo irônica, sarcástica, cínica e esperançosa da vida de suas personagens. E de quebra, ainda nos presenteia com uma das mais icônicas sequências da história do cinema: Sylvia Rank, estonteantemente interpretada por Anita Ekberg, vestindo um lindo longo preto e tomando banho na Fonte de Trevi.

CARNE TRÊMULA
CARNE TRÊMULA
ESPANHA 1997

Direção: Pedro Almodóvar

Elenco: Pepe Sancho, Pilar Bardem, Penélope Cruz, Alex Angulo, Mariola Fuentes, Voel Be, Joseph Molins, Daniel Lanchas, Maria Rosenfeldt, Javier Bardem, Francesca Neri, Liberto Rabal e Angela Molina. Duração: 98 minutos. Distribuição: Fox.

Victor nasceu dentro de um ônibus em Madri. Por conta disso ganhou um passe livre permanente. Anos depois, como entregador de pizza, ele se apaixona por Elena e certo dia, escondido no apartamento da moça, se envolve em uma discussão e, por acidente, termina atirando em um policial, que fica paralítico. Victor é preso e o destino dos três se entrelaçam para sempre. *Carne Trêmula*, de Pedro Almodóvar, é um filme que mistura muitos gêneros. Tem drama, comédia, romance, policial, suspense, ação e claro, vingança. Mas não se trata de uma vingança comum. Afinal, é um filme de Almodóvar. O plano de vingança engendrado por Victor nos anos em que esteve preso é um dos mais originais de toda a história do cinema. *Carne Trêmula* marca a segunda guinada na carreira do diretor espanhol. A partir dele, é possível perceber um amadurecimento que se consolidaria em seus dois filmes seguintes: *Tudo Sobre Minha Mãe* e *Fale Com Ela*. Almodóvar tem controle absoluto de tudo e cria uma integração e uma harmonia narrativa impressionantes. Do roteiro aos cenários, da fotografia aos figurinos, da montagem ao trabalho dos atores. Enfim, um grande filme de um grande diretor.

ARRASTE-ME PARA O INFERNO
DRAG ME TO HELL
EUA 2009

Direção: Sam Raimi

Elenco: Alison Lohman, Justin Long, Jessica Lucas, David Paymer e Lorna Raver. Duração: 100 minutos. Distribuição: Universal.

O cineasta Sam Raimi iniciou sua carreira no cinema de terror no começo dos anos 1980. Ele escreveu, produziu e dirigiu a série *The Evil Dead*, que rendeu três filmes. Ao longo dos anos seguintes, Raimi testou diferentes gêneros cinematográficos e investiu também em séries de TV, como *Hércules* e *Xena*, até sua consagração à frente da trilogia do *Homem-Aranha*. Foi com a intenção de reencontrar suas raízes que ele concebeu este *Arraste-me Para o Inferno*. Na trama, Christine Brown (Alison Lohman) é uma analista de crédito de um banco em Los Angeles. Ela sonha com uma promoção no trabalho, porém, é muito "boazinha", segundo os padrões de seu chefe, que lhe propõe um desafio: ser "dura e implacável" com os clientes. Ela decide então por em prática os conselhos do chefe, o problema é que ela faz isso justamente com a pessoa errada, uma bruxa cigana que vai ao banco implorar uma prorrogação de hipoteca. A misteriosa mulher lança sobre ela uma terrível maldição. Divertido e assustador na medida certa, *Arraste-me Para o Inferno* deixa claro que Sam Raimi não perdeu a forma e continua firme como um dos grandes mestres do terror moderno. Outro ponto positivo do filme, além do seu bom humor, é o uso comedido de efeitos gerados por computador. O diretor cria muito do clima necessário com simples e antigos efeitos sonoros e de iluminação.

DESPEDIDA EM LAS VEGAS
LEAVING LAS VEGAS — EUA 1995

Direção: Mike Figgis

Elenco: Nicolas Cage, Elisabeth Shue, Julian Sands, Richard Lewis, Kim Adams, Emily Procter, Valeria Golino, Carey Lowell, Lucinda Jenney, Ed Lauter e R. Lee Ermey. Duração: 110 minutos. Distribuição: Universal.

Antes de mais nada, é preciso deixar claro que a "despedida" de *Despedida em Las Vegas* não é uma "despedida" de solteiro. Neste filme escrito e dirigido por Mike Figgis, a partir do livro de John O'Brien, o termo adquire um caráter mais definitivo. Na trama, acompanhamos Ben Sanderson (Nicolas Cage), um roteirista alcoólatra de Hollywood. O vício na bebida fez com que ele perdesse tudo, inclusive a vontade de viver. Ele decide então ir para Las Vegas com um único objetivo: beber até morrer. Lá chegando encontra Sera (Elisabeth Shue), uma prostituta, com quem termina se envolvendo. *Despedida em Las Vegas* não é um filme romântico, muito menos esperançoso. Trata-se de uma história carregada de tristezas, decepções e com um forte teor depressivo. Figgis, que também compôs a trilha sonora, não "embeleza" nada e a cidade de Las Vegas, com seus letreiros de neon e sua vida noturna torna-se o lugar perfeito para esta descida ao inferno. Nicolas Cage e Elisabeth Shue se entregam e se perdem de maneira soberba em seus papéis e a direção seca e segura de Figgis reforça ainda mais a interpretação dos dois. Preste atenção nas participações rápidas dos diretores Bob Rafelson (homem no shopping) e Vincent Ward (homem de negócios) e nas pontas de Julian Lennon (atendente de bar), Marc Coppola (irmão de Nicolas, como traficante) e Mariska Hargitay (prostituta do bar).

A ORIGEM
INCEPTION
EUA 2010

Direção: Christopher Nolan

Elenco: Leonardo DiCaprio, Joseph Gordon-Levitt, Ellen Page, Tom Hardy, Ken Watanabe, Cillian Murphy, Marion Cotillard, Lukas Haas, Pete Postlethwaite, Michael Caine e Tom Berenger. Duração: 148 minutos. Distribuição: Warner.

A arte é a melhor maneira de se compartilhar sonhos e, dentre todas as formas de arte, o cinema é seguramente a mais popular. Mergulhar no mundo dos sonhos é um tema recorrente na história do cinema e na filmografia de grandes cineastas. Fellini, Bergman, Kurosawa, Glauber, Kubrick e Scorsese já exploraram o tema. Agora, com *A Origem*, chegou a vez de Christopher Nolan, que, diferente dos sonhos de Bergman e Kurosawa, que lidam basicamente com o medo da morte ou os de Fellini e Glauber que passeiam pelo lírico e pelo surreal, os sonhos de Nolan seguem as regras dos filmes de ação. Cobb, personagem de Leonardo DiCaprio, é um especialista em "extrair" segredos dos sonhos dos outros. O desafio surge quando ele recebe uma proposta irrecusável: ao invés de "extrair", Cobb deverá "inserir" uma ideia. Daí o título original, *Inception* (incepção). *A Origem* navega no pantanoso terreno do meio-termo entre cinema comercial e filme de autor. Nolan desenvolveu um estilo, uma assinatura. Quem tiver visto seus filmes anteriores e for ver *A Origem* sem saber de nada, reconhecerá nos primeiros minutos de projeção que se trata de um filme dirigido por Christopher Nolan. O roteiro intrincado, mas nunca confuso, a condução segura dos atores (todo o elenco está perfeito), os efeitos especiais estontentes e que não abusam do CGI (imagens geradas por computador), aliados a uma trilha sonora mais que envolvente e uma direção milimetricamente precisa. *A Origem* devolve aos filmes de ação a consistência das boas ideias. Alguns poderão questionar o originalidade e até o conservadorismo de Nolan. Não importa. O que vale mesmo é que nesses tempos de "apostas certas" e "cartas marcadas", tão cheio de tramas vazias, é bom assistir a um filme e não conseguir parar de falar sobre ele.

MORANGOS SILVESTRES
SMULTRONSTÄLLET
SUÉCIA 1957

Direção: Ingmar Bergman

Elenco: Victor Sjöström, Bibi Andersson, Ingrid Thulin, Max Von Sydow, Folke Sundquist, Gunnar Björnstrand e Bjorn Bjelvenstam. **Duração:** 95 minutos. **Distribuição:** Versátil.

Poucos cineastas conseguiram entender e retratar a alma humana como o sueco Ingmar Bergman. Sua extensa filmografia, principalmente a partir da segunda metade dos anos 1950, comprova isso. Bergman, também autor de seus roteiros, nunca era superficial. Suas histórias costumam abordar temas complexos, que são tratados com profundidade, porém, imageticamente e estruturalmente bem construídos, o que proporciona sempre uma obra cinematográfica repleta de belezas e riquezas simbólicas incomparáveis. O filme *Morangos Silvestres* é o mais próximo de um *road movie* que Bergman poderia realizar. Nele acompanhamos o Dr. Isak Borg (Victor Sjöström), que se dirige à Universidade de Lund para receber um título honorário. No trajeto, ele relembra as alegrias e tristezas de sua vida. Pesadelos recorrentes trazem à tona a proximidade da morte, além de lembranças e escolhas feitas no passado. Frio e isolado de todos, Borg é um velho no sentido mais amplo da palavra. Não é só seu corpo que está marcado pela passagem do tempo. Sua alma envelheceu muito mais. Na verdade, Bergman fez uso do filme para exorcizar alguns fantasmas de seu próprio passado, principalmente a difícil relação que teve com o pai, aqui representado na figura do professor. Bergman fez isso em quase todos os seus filmes e um diretor que realiza uma obra inteira de autoanálise e mesmo assim consegue tocar a alma das outras pessoas é, no mínimo, um gênio.

FESTIM DIABÓLICO
ROPE — EUA 1948

Direção: Alfred Hitchcock

Elenco: James Stewart, John Dall, Farley Granger, Joan Chandler, Cedric Hardwicke, Constance Collier, Douglas Dick, Edith Evanson e Dick Hogan. Duração: 80 minutos. Distribuição: Universal.

Alfred Hitchcock era um diretor que adorava desafios. Quando realizou *Festim Diabólico*, seu primeiro trabalho colorido, ele decidiu experimentar algo radical: rodar o filme inteiro em plano-sequência, ou seja, sem cortes. Na verdade, existem oito cortes. Porém, eles são tão sutis que a impressão que temos ao assistir ao filme é que eles realmente não existem. A trama, baseada em peça escrita por Patrick Hamilton, que por sua vez se inspirou em um fato verídico, conta a história de dois jovens brilhantes que estrangulam um colega com uma corda (daí o título original) e escondem o corpo dentro de um baú. Na sequência, chamam um grupo de pessoas, inclusive os pais e a namorada da vítima, para um jantar. Eles querem provar com isso que cometeram o crime perfeito. Philip (Farley Granger) e Brandon (John Dall), cheios de confiança e com um forte sentimento de superioridade, enfrentam até um antigo professor, Rupert Cadell, vivido por James Stewart. Com uma direção milimetricamente objetiva, Hitchcock utiliza tudo em cena para contar sua história. Atores, objetos e cenários ajudam na tarefa e fazem de *Festim Diabólico* um caso único na filmografia deste genial diretor e na história do cinema.

MAIS ESTRANHO QUE A FICÇÃO
STRANGER THAN FICTION
EUA 2006

Direção: Marc Forster

Elenco: Will Ferrell, Maggie Gyllenhaal, Queen Latifah, Emma Thompson e Dustin Hoffman. Duração: 112 minutos. Distribuição: Sony.

Imagine um dia acordar e perceber que uma voz de mulher que você nunca ouviu antes narra cada detalhe do seu cotidiano. É isso o que acontece com o auditor da Receita Federal Harold Crick (Will Farrell) em *Mais Estranho Que a Ficção*. O criativo roteiro de Zach Helm parte de uma premissa inusitada e original. Será que conduzimos o nosso destino? Harold é uma pessoa metódica. Ele acorda todos os dias na mesma hora, escova os dentes sempre com a mesma quantidade de vezes, caminha um número de passos definidos previamente e pega o ônibus no horário certo. A maneira como o diretor Marc Foster ilustra a rotina certinha e repetitiva de Harold é muito interessante e, mais interessante ainda, é a reação da personagem em relação ao "desequilíbrio" que passa a enfrentar. Will Ferrell, ator egresso da TV, onde durante anos participou do programa de humor *Saturday Night Live*, compõe Harold com precisão, transmitindo toda a complexidade de uma pessoa que julgava ter tudo sob controle e de repente vê que as coisas não são tão simples assim. O filme de Helm e Foster destaca primeiro a rotina programada para depois mostrar claramente que a vida não tem como ser "domada" e que as melhores coisas podem surgir inesperadamente e sem aviso prévio.

ROMA, CIDADE ABERTA
ROMA, CITTÁ APERTA
ITÁLIA 1945

Direção: Roberto Rossellini

Elenco: Anna Magnani, Aldo Fabrizi, Marcello Pabliero, Harry Feist, Vito Annichiarico e Nando Bruno. Duração: 97 minutos. Distribuição: Versátil.

Durante os anos de declínio do fascismo, um impulso realista surgiu na literatura e nos filmes italianos. *Obsessão*, dirigido em 1943 por Luchino Visconti, fez com que alguns cineastas vislumbrassem um novo cinema. Na primavera de 1945, a Itália reconquista sua liberdade. Partidos formam um governo co-aliado e almejam transformar as ideias da esquerda-liberal nas bases de uma nova Itália, renascida. Os cineastas italianos testemunham o que era chamado de "Primavera Italiana". O "novo realismo" imaginado durante os anos da guerra tinha chegado. O que fez esses filmes parecerem tão realistas? Em parte, o contraste com muitos dos filmes que os precederam. O cinema italiano tinha se tornado conhecido em toda a Europa por conta de seus magníficos estúdios. Mas o maior deles, a Cinecittà, fora bastante danificado durante a guerra e não conseguia suportar mais as grandes produções do passado. Restou aos cineastas filmar nas ruas e no campo. É feito então *Roma, Cidade Aberta*, filme-marco do novo movimento. Seu diretor, Roberto Rossellini, criou uma trama inspirada em eventos reais e bem recentes. Suas personagens lutam contra as tropas alemãs que ocupam Roma. Confiança e auto-sacrifício unem Manfredi, Francesco, Pina e o padre Don Pietro. Com este importante filme nasceu um novo cinema na Itália e o mundo ganhou um movimento cinematográfico de influência marcante e duradoura: o neorrealismo.

MILK - A VOZ DA IGUALDADE
MILK — EUA 2008

Direção: Gus Van Sant

Elenco: Sean Penn, Emile Hirsch, Josh Brolin, James Franco, Diego Luna, Alison Pill, Victor Garber e Danis O'Hare. Duração: 126 minutos. Distribuição: Universal.

O cineasta Gus Van Sant sempre foi um artista defensor de ideias e possuidor de um apurado senso de realidade. Ao longo de sua carreira ele realizou filmes que tratam dos mais diversos e polêmicos temas, porém, nunca foi panfletário. Seu foco maior sempre foi as personagens e suas histórias. A vida do ativista gay Harvey Milk, conhecido também como o "Prefeito da Rua Castro", já esteve nos planos de outros cineastas. Ele foi o primeiro homossexual assumido eleito para um cargo público nos Estados Unidos. O roteiro escrito por Dustin Lance Black retrata o período que começa em 1972, quando Milk ainda morava em Nova York, até seu assassinato em São Francisco seis anos depois. Van Sant mistura cenas filmadas com atores com imagens de arquivo e junto com seu diretor de fotografia, Harris Savides, dá ao filme um tom de cor comum nos anos 1970. A reconstituição de época é rica em detalhes, em especial nas roupas e nos cortes de cabelo. O elenco inteiro brilha em cena e Sean Penn, que faz o papel principal, consegue brilhar mais ainda ao compor um Harvey Milk carregado de paixão, honestidade, coragem e humanidade sem nunca cair na pieguice ou na caricatura. *Milk*, pelo fato de não "levantar bandeiras", tem também uma outra característica muito importante: ele defende toda e qualquer luta pela igualdade de direitos. Sejam eles dos homossexuais, das mulheres, dos negros ou dos imigrantes. Qualquer outra luta se encaixaria em seu roteiro. Está aí a autêntica "voz da igualdade" que Gus Van Sant conduz como poucos.

AMORES BRUTOS
AMORES PERROS
MÉXICO 2000

Direção: Alejandro González Iñárritu

Elenco: Gael García Bernal, Emilio Echevarría, Vanessa Bauche, Goya Toledo, Alvaro Guerrero, Jorge Salinas, Rodrigo Murray, Marco Pérez, Humberto Busto, Gerardo Campbell, José Sefami e Jorge Arellano. Duração: 153 minutos. Distribuição: Europa.

Os mexicanos Alejandro González Iñárritu e Guillermo Arriaga, diretor e roteirista, respectivamente, desenvolveram um estilo narrativo ímpar. Juntos, realizaram três obras de grande impacto: *Amores Brutos*, *21 Gramas* e *Babel*. A primeira delas, *Amores Brutos*, foi inteiramente produzida e rodada na cidade do México e une três histórias em torno de um acidente de carro. Octavio (Gael García Bernal), um adolescente, dirige em alta velocidade fugindo de uma confusão em que se meteu. Ao seu lado, o cão Cofi, que não para de sangrar. Octavio é apaixonado pela cunhada Susana (Vanessa Bauche), e Cofi é sua fonte de renda. No outro carro, está a modelo Valeria (Goya Toledo), que dirigia feliz, pois tinha acabado de se mudar para a casa de seu amor, Daniel (Álvaro Guerrero). O acidente transforma sua vida em um inferno e a deixa em uma depressão tão profunda e desesperada, que afeta Richi, seu cachorrinho. O acidente é testemunhado por El Chivo (Emilio Echevarría), um matador de aluguel e ex-guerrilheiro comunista, que corre até o local e resgata apenas Cofi, o cão de Octavio. Parece confusa, mas a trama criada por Iñárritu e Arriaga possui fluência e coerência, mesmo não seguindo o padrão linear de "começo, meio e fim". As histórias aparecem isoladas, se misturam, se isolam e se misturam novamente tendo como ponto em comum os cães e seus donos. Vencedor de 52 prêmios, *Amores Brutos* tornou-se um divisor de águas na história do cinema mexicano e abriu as portas para uma nova geração de cineastas, técnicos e atores.

1984

INGLATERRA 1984

Direção: Michael Radford

Elenco: John Hurt, Richard Burton, Suzanna Hamilton, Cyril Cusack, Gregor Fisher e James Walker. Duração: 113 minutos. Distribuição: Lume.

Em 1948, quando o escritor inglês George Orwell escreveu seu mais famoso livro, 1984, talvez ele nunca tenha pensado que sua história pudesse se tornar realidade e muito menos que um dos termos criados por ele, o "grande irmão", se tornaria nome de um *reality show*. Orwell imaginou uma ditadura totalitária, na qual o Estado controla cada gesto de cada cidadão. Entre eles, Winston Smith (John Hurt), um humilde funcionário que se apaixona por Julia (Suzanna Hamilton) e tenta enfrentar a repressão imposta pelo sistema que tudo ouve e tudo vê. O cineasta Michael Radford adaptou e dirigiu *1984* e conseguiu recriar em imagens todo o clima opressivo relatado no livro. Além do elenco fantástico, que traz Richard Burton no papel de O'Brien, seu último trabalho como ator, o filme também possui uma direção de arte impactante, além de uma fotografia carregada de tons escuros e que proporciona a atmosfera perfeita para esta feroz e sempre atual crítica ao totalitarismo.

AMARELO MANGA
BRASIL 2002

Direção: Cláudio Assis

Elenco: Matheus Nachtergaele, Jonas Bloch, Dira Paes, Chico Diaz, Leona Cavalli, Everaldo Pontes, Magdale Alves e Cosme Prezado Soares. **Duração:** 100 minutos. **Distribuição:** Califórnia.

O cineasta pernambuco Cláudio Assis vinha de uma carreira de 15 anos como diretor de curtas-metragens quando estreou em longas com *Amarelo Manga*. Afeito a temas fortes e polêmicos, Assis mostra aqui uma gama complexa de personagens, todas elas guiadas por intensas paixões e desejos os mais diversos, cujas vidas vão se entrelaçando em um mundo periférico de Recife, cheio de armadilhas, desvios e atrações as mais bizarras. O termo "bizarro" é bem adequado ao universo mostrado no filme. Porém, essa bizarrice, por mais estranho que possa parecer, torna as personagens e as situações que elas vivem em cena bem reais e carregadas de verdade. A longa experiência de Assis na realização de curtas dá, em alguns momentos, a impressão de uma colagens de pequenas histórias, mas o diretor, apesar de uma abordagem aparentemente simples e ingênua, consegue unir as pontas de cada trama apresentada e compor um grande e chocante mosaico da condição humana. Uma curiosidade: o nome do hotel que aparece no filme faz referência a um curta-metragem dirigido por Assis em 1999, *Texas Hotel*.

O SENHOR DOS ANÉIS - O RETORNO DO REI
THE LORD OF THE RINGS: THE RETURN OF THE KING

NOVA ZELÂNDIA/EUA 2003

Direção: Peter Jackson

Elenco: Viggo Mortensen, Elijah Wood, Ian McKellen, Sean Astin, Andy Serkis, Dominic Monaghan, Billy Boyd, Orlando Bloom, John Rhys-Davies, Liv Tyler, Christopher Lee, Miranda Otto, Bernard Hill, Hugo Weaving, Karl Urban, David Wenham, John Noble, Brad Dourif, Ian Holm e Cate Blanchett. Duração: 201 minutos. Distribuição: Warner.

"Foi uma varrida completa", disse Steven Spielberg, na noite do Oscar 2004, quando entregou a estatueta de melhor diretor para Peter Jackson. *O Senhor dos Anéis – O Retorno do Rei*, terceira parte da trilogia baseada na obra de J.R.R. Tolkien, ganhou as onze categorias a que concorreu. A vitória do filme coroou um trabalho de sete anos, iniciado em 1997 e concluído no final de 2003. As partes três costumam ser as mais complicadas. Exemplos de fracassos existem muitos. *O Retorno do Rei* é uma das poucas exceções. A saga de Frodo (Elijah Wood) e seus amigos para destruir o Um Anel, que começou em *A Sociedade do Anel* (2001) e continuou em *As Duas Torres* (2002), tem aqui sua conclusão. Peter Jackson fecha todas as pontas e entrega uma obra coesa e empolgante. Aragorn (Viggo Mortensen) assume sua herança real e, de maneira estratégica, luta contra o inimigo maior, Sauron, para permitir que Frodo tenha o tempo necessário para cumprir sua missão. Jackson presta uma bela homenagem ao ator Andy Sirkis, responsável por "representar" a figura digital de Gollum. Ele abre o filme com um prólogo que conta a origem da personagem. Tudo em *O Retorno do Rei* é grandioso e o resultado final é extremamente satisfatório. Uma dica: caso seja possível, tente ver a versão estendida, que tem 50 minutos a mais que a versão que foi apresentada nos cinemas.

O FANTÁSTICO SR. RAPOSO
FANTASTIC MR. FOX — EUA 2009

Direção: Wes Anderson

Animação. Duração: 87 minutos. Distribuição: Fox.

Wes Anderson é dono de um tipo de humor bem peculiar que ele depurou ao longo de sua carreira em filmes como *Três é Demais*, *Os Excêntricos Tenenbauns*, *A Vida Marinha com Steve Zissou* e *Viagem a Darjeeling*. O escritor galês Roald Dahl também é dono de um estilo único de contar histórias em livros como *Matilda*, *A Convenção das Bruxas* e *A Fantástica Fábrica de Chocolate*. A união desses dois talentos resultou na animação *O Fantástico Sr. Raposo*, dirigida e adaptada por Anderson, a partir do livro original de Dahl. Na trama, o senhor Raposo e a Dona Raposa levam uma vida de sonho junto com o Ash e o sobrinho Kristofferson, que está hospedado com eles. O sr. Raposo abandonou uma vida cheia de perigos e aventuras pelo aconchego e segurança do lar, porém, seus instintos naturais falam mais alto e ele retoma seu velho hábito de roubar galinhas. Isso desperta a ira de três fazendeiros da região, Boque, Bunco e Bino, que se unem para capturar o audacioso Raposo. Com isso, todos os animais das redondezas ficam ameaçados. Anderson, fiel ao material de Dahl, realiza uma animação que pode até encantar algumas crianças, mas funciona bem melhor para os adultos. As vozes originais são um capítulo à parte. Um elenco estelar dá vida às personagens: George Clooney (sr. Raposo), Meryl Streep (dona Raposa), Bill Murray (Texugo), Jason Schwartzman (Ash), Eric Anderson (Kristofferson), Willem Dafoe (Rato) e Michael Gambon (Bino). Portanto, mesmo com a ótima dublagem brasileira, a recomendação é assisti-lo legendado.

ANTI-HERÓI AMERICANO
AMERICAN SPLENDOR
EUA 2003

Direção: Robert Pulcini e Shari Springer Berman

Elenco: Paul Giamatti, Hope Davis, Harvey Pekar, Chris Ambrose, Joey Krajcar, Josh Hutcherson, James Urbaniak, Cameron Carter e Danny Hoch. Duração: 100 minutos. Distribuição: Warner.

Se há um filme que consegue exprimir em imagens um diálogo intertextual entre o real e sua representação, além de transitar sem deslizes e de maneira extremamente crível e original entre a ficção e o documentário, este filme é *Anti-Herói Americano*, dirigido em 2003 por Robert Pulcini e Shari Springer Berman. Misturando atores que representam pessoas reais que também participam do filme, conhecemos aqui um pouco da vida de Harvey Pekar, vivido pelo próprio e pelo ator Paul Giamatti. Pekar trabalha como balconista de um hospital e certo dia encontra o arquivo de um homem que trabalhou a vida toda como balconista e tinha uma rotina muito parecida com a sua. Aliado a isso, um de seus amigos, Robert Crumb, torna-se uma celebridade local por conta de seus desenhos. Pekar resolve fazer o mesmo e lança sua própria revista, a *American Splendor*, onde ele escrevia e desenhava história de seu dia-a-dia. O filme é bastante fiel ao universo mostrado na revista e brinca o tempo todo com a linha fina que separa dois mundos aparentemente distintos, mas que funcionam harmoniosamente na tela. Assistindo ao filme é fácil perceber que Paul Giamatti nasceu para interpretar Harvey Pekar. Nem o próprio Pekar é tão bom quanto ele no papel de Pekar. *Anti-Herói Americano* tem humor, suspense, romance e crítica social em todo o seu esplendor.

ÍNDICE

1984	216
...E O VENTO LEVOU	94
30 DIAS DE NOITE	40
A BELA E A FERA (1991)	66
A CAÇADA AO OUTUBRO VERMELHO	146
A CONVERSAÇÃO	183
A COPA	67
À DERIVA	109
A DOCE VIDA	205
A DONA DA HISTÓRIA	53
A EMBRIAGUEZ DO SUCESSO	98
À ESPERA DE UM MILAGRE	114
A FITA BRANCA	180
A FORÇA DE UM PASSADO	143
A FORTUNA DE NED	124
A IDENTIDADE BOURNE	68
A LISTA DE SCHINDLER	195
A MOCIDADE DE LINCOLN	191
A MOSCA	63
A ONDA	201
A ORIGEM	209
A PEQUENA JERUSALÉM	70
A PRIMEIRA NOITE DE UM HOMEM	15
A PRINCESA E O PLEBEU	145
A PRINCESA PROMETIDA	138
A PROMESSA	192
A SOMBRA DE UMA DÚVIDA	155
A SUPREMACIA BOURNE	123
À TODO VOLUME	184
A VIAGEM DE CHIHIRO	88
A VIDA DOS OUTROS	188
A VILA	193
ACONTECEU NAQUELA NOITE	57
AKIRA	186
ALIENS - O RESGATE	196
AMARELO MANGA	217
AMOR À FLOR DA PELE	175
AMOR SUBLIME AMOR	38
AMORES BRUTOS	215
ANJOS DE CARA SUJA	125
ANTI-HERÓI AMERICANO	220
ARIZONA NUNCA MAIS	18
ARRASTE-ME PARA O INFERNO	207
AS HORAS	204
ASSIM CAMINHA A HUMANIDADE	142
BABE - O PORQUINHO ATRAPALHADO	122
BATMAN - O CAVALEIRO DAS TREVAS	179
BICHO DE SETE CABEÇAS	121
BLADE RUNNER - O CAÇADOR DE ANDRÓIDES	170
BONEQUINHA DE LUXO	136
BOOGIE NIGHTS	162
BRILHO ETERNO DE UMA MENTE SEM LEMBRANÇAS	181
BRUBAKER	200
BUTCH CASSIDY	71
BYE BYE BRASIL	203
CAFÉ DA MANHÃ EM PLUTÃO	202
CAIU DO CÉU	116
CARNE TRÊMULA	206
CARTAS PARA IWO JIMA	182
CIDADÃO KANE	169
CIDADE DE DEUS	64
CINDERELA	32
COMO SE FOSSE A PRIMEIRA VEZ	81
COMO TREINAR O SEU DRAGÃO	79
CONTATO	72
CORPOS ARDENTES	167
CUPIDO É MOLEQUE TEIMOSO	33
DESPEDIDA EM LAS VEGAS	208
DIÁRIO DE UMA PAIXÃO	23
DIÁRIOS DE MOTOCICLETA	86
DURO DE MATAR	13
E.T. - O EXTRATERRESTRE	74
ECLIPSE MORTAL	132
ED WOOD	174
ELIZABETH	14
ENCONTRANDO FORRESTER	48
ENCONTROS E DESENCONTROS	76
ESTÔMAGO	178
ESTRADA PARA PERDIÇÃO	161
EXTERMÍNIO	58
FESTIM DIABÓLICO	211
FILHOS DA ESPERANÇA	65
FIM DE CASO	55
FRANKENSTEIN DE MARY SHELLEY	91
FUGINDO DO INFERNO	20
FÚRIA SANGUINÁRIA	16

GALLIPOLI	156
GIGANTE	31
GOLPE DE MESTRE	153
GOMORRA	172
HAIR	126
INIMIGO MEU	149
INTRIGAS DE ESTADO	194
INVICTUS	144
JEJUM DE AMOR	73
JUSTIÇA CEGA	119
KUNG-FUSÃO	83
LEGALMENTE LOIRA	87
LINHA DE PASSE	134
LOLITA (1962)	189
LOS ANGELES - CIDADE PROIBIDA	24
LOUCA OBSESSÃO	93
M.A.S.H.	26
MAD MAX	135
MADAME BOVARY (1991)	99
MAIS ESTRANHO QUE A FICÇÃO	212
MARATONA DA MORTE	159
MATRIX	54
MELHOR É IMPOSSÍVEL	151
MENINA DE OURO	60
MEU PÉ ESQUERDO	152
MILAGRE EM MILÃO	111
MILK - A VOZ DA IGUADADE	214
MINHA ADORÁVEL LAVANDERIA	100
MINHA VIDA DE CACHORRO	160
MISSISSIPI EM CHAMAS	127
MONSTROS S.A.	108
MORANGOS SILVESTRES	210
MUITO ALÉM DO JARDIM	35
MUITO BARULHO POR NADA	34
MUITO MAIS QUE UM CRIME	75
NA NATUREZA SELVAGEM	102
NEM TUDO É O QUE PARECE	28
NESTE MUNDO E NO OUTRO	39
NOTÍCIAS DE UMA GUERRA PARTICULAR	101
O ATAQUE DOS VERMES MALDITOS	107
O AVIADOR	129
O BARATO DE GRACE	112
O CARTEIRO E O POETA	77
O CHEIRO DO RALO	187
O COZINHEIRO, O LADRÃO, SUA MULHER E O AMANTE	17
O ENIGMA DA PIRÂMIDE	49
O EQUILIBRISTA	198
O FALCÃO MALTÊS	150
O FANTÁSTICO SR. RAPOSO	219
O FEITIÇO DE ÁQUILA	30
O GAROTO	140
O GAROTO DE LIVERPOOL	103
O GRANDE CHEFE	90
O GRANDE GOLPE	166
O HOMEM INVISÍVEL	130
O HOMEM QUE COPIAVA	171
O HOMEM QUE MATOU O FACÍNORA	85
O HOMEM-ELEFANTE	22
O MENTIROSO	110
O NEVOEIRO	173
Ó PAÍ, Ó	21
O PÂNTANO	197
O PEQUENO NICOLAU	37
O PLANETA DOS MACACOS (1968)	84
O PODEROSO CHEFÃO	104
O PROFETA	176
O QUARTO DO FILHO	105
O SENHOR DOS ANÉIS - A SOCIEDADE DO ANEL	128
O SENHOR DOS ANÉIS - AS DUAS TORRES	168
O SENHOR DOS ANÉIS - O RETORNO DO REI	218
O SHOW DEVE CONTINUAR	199
O SOL É PARA TODOS	29
O SOL POR TESTEMUNHA	163
O TEMPERO DA VIDA	158
O TROCO	36
O ULTIMATO BOURNE	190
O VENTO SERÁ TUA HERANÇA	117
OLDBOY (2003)	59
OPERAÇÃO FRANÇA	80
OS DOZE CONDENADOS	41
OS DUELISTAS	139
OS INCRÍVEIS	19
OS PICARETAS	115
PANTALEÃO E AS VISITADORAS	95
PARADISE NOW	141
PODER ABSOLUTO	137
PONTO FINAL - MATCH POINT	69
PRIMAVERA, VERÃO, OUTONO, INVERNO E... PRIMAVERA	42
PROCURANDO NEMO	50
QUE ESPERE O CÉU	61

QUERO SER GRANDE	51
RAZÃO E SENSIBILIDADE	62
RÉQUIEM PARA UM SONHO	177
ROCKY - UM LUTADOR	157
ROMA, CIDADE ABERTA	213
SANEAMENTO BÁSICO - O FILME	78
SCARFACE (1983)	164
SE MEU APARTAMENTO FALASSE	47
SEGREDOS E MENTIRAS	82
SEM LEI E SEM ALMA	148
SEM MEDO DE VIVER	97
SHIRLEY VALENTINE	43
SILVERADO	56
SIMPLESMENTE MARTHA	118
SNATCH - PORCOS E DIAMANTES	154
SUPERMAN - O FILME	44
TALKING HEADS - STOP MAKING SENSE	120
TAPETE VERMELHO	45
TARDE DEMAIS	27
THE COMMITMENTS - LOUCOS PELA FAMA	46
TOOTSIE	89
UM LUGAR AO SOL	52
UM PEQUENO ROMANCE	106
UM SÉCULO EM 43 MINUTOS	113
UMA AVENTURA NA MARTINICA	25
UMA LINDA MULHER	92
V DE VINGANÇA	165
VAMPIROS DE ALMAS	185
VERA CRUZ	133
VIVER	147
X-MEN 2	96
ZATOICHI	131